Tauberschwarzes Madonnenland

Weinlesebuch mit Weinkrimi

Lauda-Königshofen

Harald Rudolf

Tellaro Verlag

Inhalt

Tatort Madonnenland

Teil I

Sie parkten auf dem Residenzplatz in Würzburg und verharrten schweigend in ihrem Zweisitzer. Die Scheibenwischer ächzten unter der Last des Dauerregens, der schwer auf den Verdeckstoff und den riesigen Koffer am Heck prasselte. Miriam Gutenberg und Klaus Behrens starrten durch die Windschutzscheibe auf den barocken Residenzbau. Sie atmeten durch und sahen sich in die Augen, die Sonnenbrillen noch immer auf dem Kopf. Ein Lächeln huschte über beide Gesichter, auf denen plötzlich die Schatten der Regentropfen wie Sommersprossen erschienen.

»Die Sonne kommt heraus«, strahlte Miriam.

»Endlich!«

Klaus schaltete den Motor aus und zog den Zündschlüssel ab. Die Scheibenwischer dankten es mit einem dumpfen Ton.

Fast zwei Stunden war das sommerlich gekleidete Paar im Dauerregen bei geringem Tempo und einem andauernden Prasseln unterwegs gewesen. Ständig hatten sie befürchtet, dass es durch den Verdeckstoff tröpfeln könnte. Ihre Laune wurde mehrfach ausgebremst. Statt Landstraße fuhren sie Autobahn. Die ausgewählte Musik, der Soundtrack ihres ersten gemeinsamen Urlaubes, hatte gegen den Starkregen keine Chance.

In Frankfurt hatte ihnen noch die Sonne zugeblinzelt. Je näher sie jedoch der Zwei-Flüsse-Region um Wertheim gekommen waren, desto finsterer waren die Gedanken geworden.

War dies ein schlechtes Omen?

Zweifel an ihrem Urlaubsplan, die Romantische Straße von Würzburg bis Neuschwanstein im Cabrio zu befahren, kamen ihnen auf der Fahrt immer wieder in den Sinn.

Was tun, wenn es so bliebe? Der Wetterbericht hatte etwas anderes vorhergesagt. Oder hatten sie das einfach nicht wahrhaben wollen?

Die Reise war schon lange geplant. Für diese Art Flitterwochen hatten sie sich sogar einen Käfer-Cabrio Baujahr 1973 für knapp achthundert Euro die Woche gemietet. In gelb – verliebt in sich und den Sommer. Seit Wochen lebten sie auf leuchtenden Wolken.

War die geplante Tour vielleicht blauäugig? Verliebter Quatsch? Und das in ihrem Alter!

Mehrfach hatten sie geglaubt, diese Gedanken in dem Blick des anderen zu lesen.

Neuschwanstein!

Muss man wirklich mit eigenen Augen den schwelgerischen Irrsinn des bayrischen Märchenkönigs gesehen haben?

In Würzburg nun verflogen alle finsteren Wolken und Gedanken. Miriam sprang vom Beifahrersitz und machte sich auf dem Residenzplatz am Verdeck zu schaffen.

Klaus blieb noch einen Augenblick hinter dem Steuer sitzen; die Fahrt hatte ihn angestrengt. Er atmete noch einmal tief durch, die Augen schließend. Als er Geräusche am Verdeck hörte, sprang er ebenfalls aus dem Wagen.

»Was machst du da?«

»Unseren Urlaub leben.« Sie lächelte ihm zu.

»Sieh mal zum Himmel hoch.«

»Das habe ich. Die Sonne scheint.«

»Ich sehe Wolken. Das ist noch nicht vorbei.«

»Ist es. Wir sind hier, und die Sonne bleibt.«

»Glaube ich nicht.«

»Du siehst zu schwarz.« Sie hörte auf, am Verdeck zu hantieren und ging um das Auto zu ihm hin. Sie küsste ihn. »Hey! Wir sind am Ausgangspunkt unserer Tour.«

»War bislang noch nicht gerade romantisch.«

»Aber jetzt. Komm, hilf mir.«

Er zögerte. »Sollten wir nicht das Dach erst trocknen lassen?«

»Sei nicht päpstlicher als der Papst. Das schließen wir wieder, wenn wir in Lauda-Königshofen angekommen sind.«

Er schien nicht überzeugt. »Wollten wir uns nicht noch die Residenz ansehen?«

»Natürlich. Und noch Wertheim. Wir wandeln doch auch auf deiner Nase oder deinem Gaumen. Ich sehe noch den Glanz in deinen Augen, als du von den Schweizer Stuben sprachst.«

»War leider vor meiner Zeit.«

»Vor deiner Zeit als Genussmensch!« Sie küsste ihn wieder. »Komm schon. Mein Trüffelschwein.«

»Weshalb das Verdeck denn jetzt schon aufziehen?«

»Es wird nicht mehr regnen.«

»Diebe könnten herumschwirren. Hier sind viele Touristen.«

»Lass den Kommissar zuhause. Bitte. Das hast du immer wieder gesagt. Ich freue mich, ein paar Tage an keine Verbrechen mehr denken zu müssen. Wir machen Urlaub! Deine Worte.«

»Genau. Das habe ich gesagt und das meine ich auch. Aber mit potentiellem Diebstahl hat das nichts zu tun. Das muss man für jeden Urlaub bedenken.«

»Hauptkommissar Behrens. Geben Sie mir Ihren Dienstausweis und Ihre Dienstwaffe. Sie sind suspendiert.«

»Du siehst zu viele Krimis!«

»Ohne Krimi geht die Miri eben nie ins Bett. Ohne Kriminalkommissar natürlich.« Sie lächelte und küsste ihn wieder, während sich die Sonne in einer blauen Lücke ausbreitete.

Klaus erwiderte den Kuss, die Wärme im Gesicht und auf

den Lippen genießend. Dann öffnete er mit ihr das Verdeck des gelben Käfers und betrachtete sie aus dem Augenwinkel heraus.

Was für ein Glück, dass er sie spontan zum Essen eingeladen hatte, als sie für ihn in der Buchhandlung ein vergriffenes Kochbuch über Ligurien aufgestöbert hatte. Seine Scheidung hatte ihm ziemlich zugesetzt, und er hatte dem Genuss zu stark zugesprochen und bestimmt keine tolle Figur gemacht. Aber die attraktive Endvierzigerin hatte sofort den Zugang zu seiner Leichtigkeit gefunden.

Glück gehabt, dachte er, als er gemeinsam mit ihr das Verdeck aufgeklappt hatte.

Passend fand er zudem, dass sie ebenfalls geschieden war und auch ihre Kinder ausgezogen waren und studierten. Dem Abendessen im Restaurant war dann ein Essen in seiner aufgeräumten Wohnung – mit selbst gemachter Pasta und Trüffeln – gefolgt.

»Mein Sonnenschein«, sagte er zu ihr und legte seinen Arm auf ihre Schulter.

Sonnenbebrillt schlenderten sie über den Platz und betraten die Residenz. Sie flanierten in den Hofgarten und besichtigten

Hofgarten Residenz Würzburg

den Ost- und Südgarten. Im Küchengarten hinter der Orangerie knurrten ihre Mägen, und sie schmunzelten über ihren Appetit im Gleichklang. Da sie noch nach Wertheim wollten, entschlossen sie sich dort einen Imbiss einzunehmen. Sie gingen zurück zum Wagen. Miriam überlegte eine Anspielung hinsichtlich des Präventivgedankens ihres Partners zu machen, ließ es aber sein. Sie hatte gespürt, dass die Anspannung von ihm abgefallen war. Die Autofahrt hatte ihn wohl zu sehr angestrengt, dachte sie. Wenn es ein Problem gab, so hatte sie ihn in den letzten Wochen erlebt, neigte er zu Pessimismus. Lag wohl am Beruf und am Alter. Mit fünfzig macht man sich wohl keine Illusionen mehr. Schön, dass er an ihrer Seite aber so geschmeidig sein konnte, sagte sie sich in Gedanken.

»Willst du fahren?« Er zeigte in das Cabrio hinein.

»Fahr du. Du bist die ganze Zeit im Regen gefahren. Jetzt darfst du die Sonne genießen.«

Während sie auf den Beifahrersitz kletterte, prüfte er beim Vorbeigehen die Gurte an dem am Heck angebrachten Koffer. Miriam legte Musik ein und drehte die Lautstärke hoch.

Dann rauschten sie nach Wertheim. Als sie in den Main-Tauber-Kreis einfuhren, sagte Miriam, hier gäbe es in Baden-Württemberg die wenigsten Scheidungen. »Das habe ich kürzlich im Radio gehört. Kein schlechtes Omen, oder?«

In Wertheim nahmen sie an der Promenade am Mainplatz einen Imbiss ein und fuhren anschließend über die L 506 an der Tauber entlang auf der Weinschleife. Ab Lauda-Königshofen würden sie dann die Romantische Straße befahren, erklärte Klaus die wiederholt besprochene Route.

Die ersten beiden Nächte hatten sie sich im Stadtteil Lauda ein Zimmer reserviert. Für die Reise hatten sie sich einen groben Plan zurechtgelegt. Übernachtungen in Bad Mergentheim oder Weikersheim, Rothenburg, Augsburg, Schongau und abschließend wohl Schwangau waren angedacht, doch alles durchbuchen, das hatten sie nicht gewollt. Sie wollten für alles offen sein.

Da Klaus nicht nur für gutes Essen schwärmte, sondern auch Wein liebte und sich für Wein, dessen Geschichte und Handwerk interessierte, hatte Miriam die ersten beiden Nächte im Rebgut Lauda gebucht. Hier wurde der Tauberschwarz wiederbelebt, die Rebsorte, die ihr Kommissar immer wieder als spannend bezeichnet hatte. Dass sie sich auch für Wein interessierte, hatte Klaus, der manchmal so trocken erschien wie seine bevorzugten Weine, vollkommen entzückt und ihm jeglichen Zweifel genommen, ihr gemeinsamer Urlaub könnte zu früh sein.

»Wollen wir nicht lieber noch ein paar Wochen warten«, hatte er nach der spontanen Äußerung Miriams gesagt. »Sollten wir uns nicht erst besser kennenlernen. Nicht, dass all unsere Schrullen mitreisen.«

Sie hatte ihm die Bedenken ausgeredet und die Reise in unmittelbarer Nähe mit Wein, Radfahren und Cabrio geplant.

»Ich bin so froh, dass wir hier sind«, sagte er, als sie das Kloster Bronnbach passierten. »Wollen wir hineingehen?«

»Ich würde mir lieber die Barockkirche in Gerlachsheim ansehen.«

»Machen wir.«

Sie fuhren weiter entlang der Tauber.

»Erst einchecken? Hier geht es nämlich nach Gerlachsheim.« Er zeigte auf das Schild.

»Fahren wir doch gleich hin. Dann wären wir nachher angekommen und können die Kiste für heute stehen lassen.«

Er bog nach links. »St. Veit Straße. Ich glaube, hier wimmelt es von Heiligen.«

»Nach St. Veit wendet sich die Zeit, sagt man. Bezieht sich

Barockkirche Gerlachsheim

aber auf das Wetter: Mitsommer.«

»Da sind wir ja richtig!«

Sie näherten sich der Brücke über den Grünbach, die ihnen aus der Ferne mit den Kirchtürmen im Hintergrund malerisch erschien.

»Wir fahren in eine andere Zeit!«

Klaus verlangsamte das Tempo und fuhr in Schrittgeschwindigkeit über die mittelalterliche Brücke aus Muschelkalk.

»Sind wohl auch Heilige, da oben«, sagte er beim Passieren der vier Brückenfiguren.

»Halt mal an«, bat Miriam und fotografierte die Standbilder. »Ich habe gelesen, dass fast alle Brücken im Taubertal im Zweiten Weltkrieg zerstört wurden. Die Figuren blieben jedoch unberührt. Die Statuen fielen zwar ins Wasser, aber ohne Blessuren sozusagen.«

»Heilige!«

»Manche, wie der hier ...« Sie zeigte auf den Heiligen Nepomuk. »... haben am Ende ihres irdischen Lebens ganz schön leiden müssen.«

»Das ist der Heilige Kilian, der Patron der Winzer«, erklärte Klaus.

»Der hat ein Buch und ein Schwert in der Hand.«

»Er soll seinen Mördern die Bibel entgegengehalten haben.«

»Wie ist er gestorben?«, fragte Miriam.

»Durchs Schwert, meine ich. Eine Frau steckte wohl hinter seiner Ermordung.«

»Cherchez la femme.« Sie grinste.

»So ist es oft. Nicht nur im Krimi. Sagt der Kommissar außer Dienst beziehungsweise i. U. – in Urlaub.«

Miriam fotografierte weiter, während ein Auto am anderen Ende der Brücke auftauchte. Der Fahrer blendete auf und betätigte das Gaspedal.

»Wir sollten weiterfahren«, sagte Klaus.

»Einen Moment.« Miriam knipste ein letztes Mal.

Als Klaus weiterfuhr, blickte sie den Bach hinunter. Der Kommissar i.U. konzentrierte sich am Steuer auf die Brückenbegrenzung und achtete nicht auf den Autofahrer, der auf die Brücke fuhr. Im Rückspiegel erkannte er lediglich das Kfz-Kennzeichen der Region: TBB.

Sie fuhren weiter über die Brückenstraße.

»Das Kloster und die Klosterkirche sind linker Hand«, sagte Miriam. Sie griff nach ihrem Reiseführer im Handschuhfach.

»Die Kirche wurde in den Jahren 1723 bis 1728 errichtet.«

Nach wenigen Metern erreichten sie die Klosteranlage und die Kirche Heilig Kreuz. Klaus parkte am Straßenrand. In dem kleinen Ort waren keine Autos, keine Fahrräder oder Fußgänger unterwegs.

»Wie ausgestorben«, sagte er und ging mit Miriam zur Kirche.

»Wir sind im Madonnenland«, sagte Miriam und blätterte im Reiseführer. »Hier gibt es einen Bildstock, der heißt Schlangentötermadonna. Klingt gruselig.«

»Wo steht der?«

»Hier in der Nähe. Die Würzburger Straße hoch. Ist aus dem Jahr 1700.«

Sie gingen über die unbefahrene Hauptverkehrsstraße.

»Hier herrscht Totenstille.« Miriam griff Klaus an der Hand.

Nach wenigen Metern entdeckten sie den riesigen Bildstock neben dem prächtigen Lindenbaum.

»Wohl die passende Adresse«, sagte Klaus. »Friedhofstraße.«

Sie betrachteten andächtig den Pfeilerbildstock aus Kalk- und Sandstein.

»Sieht aus, als wolle der Jesusknabe den Kopf der Schlange zertreten.«

»Feindschaft setze ich zwischen dich und die Frau, zwischen deinen Nachwuchs und ihren. Er trifft dich am Kopf und du triffst ihn an der Ferse. Das steht in der Bibel zum Sündenfall.«

»Gruselig. Wirklich. Gehen wir in die Kirche.« Klaus ging von dem Bildstock weg.

Miriam blieb noch davor stehen. Sie war fasziniert, irgendetwas hielt sie fest. Sie näherte sich dem Sockel und versuchte die Inschrift zu entziffern. Manche Worte – »Mutter Gottes«, »Buchler bitt«, »Hausfrau« – las sie laut vor, während Klaus auf die unbefahrene Straße lief.

Miriam sah von dem Sockel wieder hinauf zur Schlange. War die Schlange im Begriff zu beißen? War dies überhaupt der Kopf einer Schlange? Er erinnerte sie eher an einen Drachenkopf.

Miriam berührte den Sockel, stellte sich auf die Zehenspitzen und betrachtete den Kopf, während Klaus auf der anderen Straßenseite wartete.

»Miriam? Kommst du?«

Sie hörte die Stimme ihres Freundes, reagierte jedoch nicht darauf. Sie starrte den riesigen Bildstock hoch, als ihr plötzlich etwas auf die Stirn tropfte. Sie wich zurück und fasste sich an die Stelle.

»Alles klar?«, schallte es von der anderen Straßenseite herüber.

Miriam hörte ihren Freund nicht. Geschockt starrte sie auf den rot befleckten Finger, mit dem sie sich zuvor über die Stirn gestrichen hatte.

War das Blut?

Sie sah wieder hinauf zur Schlangentötermadonna und meinte, auf dem rechten Zeh des Jesusknaben, dessen rechtes Bein aussah, als ob er der Schlange den Kopf zertreten wollte, Blut zu erkennen.

Sie dachte an Blut und nicht an rote Farbe.

Blut. Weshalb?

Während sie darüber nachdachte, ging Klaus über die Straße und kam zu ihr zurück.

Sie zeigte ihm den rot befleckten Finger. »Ist dort heruntergetropft.« Sie deutete auf den rechten Fuß des Jesusknaben. »Siehst du die Stelle?«

»Könnte Farbe sein.« Er holte sein Smartphone heraus, fotografierte die Stelle und zoomte sie im Foto heran. »Ist verfärbt, ja.«

»Muss aktuell gemacht worden sein, da es tropft«, erwiderte Miriam.

»Man kann ja aber nicht gerade hier hochklettern und sich einen Spaß machen. Auch wenn das in dem gottverlassenen Ort keiner mitbekäme.«

»Wir sind im Madonnenland!« Miriam war in einem Zustand zwischen Schock und Phantasie.

»Willst du damit sagen, dass die Statuen hier bluten? Wie dieses Blutbild aus Wald-Dingsbums.«

»Walldürn«, erwiderte Miriam. »Das ist ein beliebtes Motiv für Bildstöcke.«

»Das meinst du jetzt aber nicht ernsthaft?«

»Kann man feststellen, ob das Blut ist?«

»Menschenblut?«

»Erst einmal Blut.«

»Kann man sicher. Soll ich die Kripo rufen?«

»Die ist hier.«

»Wir sind in Urlaub. Unserem ersten gemeinsamen! Lassen wir die Kripo zuhause. Oder willst du nach einer Leiche suchen?«

»Natürlich nicht.«

Sie nahm ein Taschentuch aus ihrer Handtasche und wischte sich den Finger ab.

»Gehen wir ins Hotel. Ich habe keine Lust mehr auf Glauben.«

Miriam nickte einverstanden. Die Begegnung mit der Schlange und dem rot befleckten Zeh verwirrte sie noch immer. Sie wusste nicht, was sie glauben sollte. Eine Geschichte wollte sie keine daraus spinnen. Sie nahm Klaus an der Hand und ging mit ihm zurück zum Wagen. Schweigend stiegen sie ein und verließen das totenstille Dorf. Als sie die Brücke mit den vier Heiligen überquerten, passierten sie am Weg einen weiteren Bildstock. Miriam wies Klaus darauf hin, ohne einen Hintergedanken dabei zu haben. »Da steht auch einer.«

»Glaubst du, der blutet ebenfalls?«, erwiderte Klaus bissig.

»Habe ich weder gesagt noch gedacht.«

»Aber du glaubst es?«

»Nein.«

»Glaube ich dir nicht.« Er stoppte den Wagen am Seitenrand, stieg aus und ging ein paar Meter zurück zu dem Bildstock.

»Die Madonna hier hat ein Schwert in der Brust«, rief er Miriam zu, die im Auto sitzen blieb und im Reiseführer blätterte. Witzbold, dachte sie, während sie das Foto des Bildstocks »Kreuz mit Mater Dolorosa« betrachtete, das die Mutter Gottes mit einem Schwert durch die Brust zeigte.

Klaus drehte sich wieder zum Bildstock und näherte sich dem Sockel unter dem Kreuz. Er betrachtete das Schwert aus der Nähe – vom Griff über die Klinge bis zum Einstich. Als sein Blick die Stelle erreichte, zuckte er zusammen.

Da war Blut! Oder rote Farbe.

Jedenfalls irgendetwas, das an die Auffälligkeit des anderen Bildstocks erinnerte.

Klaus schüttelte ungläubig den Kopf und sah wieder zu Miriam hinüber.

Miriam, die weiter in ihren Reiseführer blickte, aus den Augenwinkeln ihren Partner jedoch beobachtete, konnte den Blick nicht deuten. Wollte er sie veräppeln? Aus dem Auto locken und auflaufen lassen?

Sie zögerte. Sein Blick gab ihr jedoch das Gefühl, dass etwas nicht stimmte.

Klaus sah noch einen Moment mit aufgerissenen Augen zu ihr. Dann drehte er sich wieder zu dem Bildstock und suchte nach weiteren Spuren. Er schritt hinter den Sockel und war für Miriam ein paar Sekunden nicht mehr zu sehen. Als er wieder zum Vorschein kam, entdeckte sie ein Entsetzen auf seinem bleichen Gesicht.

Klaus verharrte an dem Altarbildstock und rannte dann auf Miriam zu. »Da liegt eine Leiche«, schrie er und griff im Laufen nach seinem Mobiltelefon.

Fortsetzung auf Seite 30

Die Romantische Straße

Badische Sonne & Fränkischer Boden

Könnte als ein perfektes Cuveè angesehen werden. Die Gegend im Dreiländereck südlich der Zwei-Flüsse-Region – Main und Tauber, daher Main-Tauber-Kreis – hat in seinen Wurzeln den fränkischen Muschelkalkboden, und Badens Sonne strahlt seit Napoleons südwestdeutscher Flurbereinigung auf sie nieder. Auch wenn der badische Teil der bonaparten Zerstückelung noch heute »Badisch Sibirien« genannt wird. Verwaltungsbeamte im Großherzogtum Baden wurden in jener Zeit in diesen Landesteil strafversetzt.

Tauberfranken, das bis 1992 Badisches Frankenland hieß, ist die drittkleinste der neun badischen Weinbauregionen mit 615 Hektar Ertragsfläche. Ganz Baden hat rund 15.490 Hektar Rebfläche, das Weinbaugebiet Franken rund 6.200 Hektar.

Die territoriale Einstufung hat für Tauberfranken zur Folge, dass die Region als Teil der badischen Weinbauregion zur Weinbauzone B der Europäischen Union gehört. Baden ist als einzige deutsche Weinbauregion in dieser Zone eingestuft. Zur Zone B gehört in Frankreich zum Beispiel die Champagne und das Elsass. Mit A, zu der alle anderen deutschen Weinbauregionen zählen, werden die kühlsten Zonen klassifiziert, mit C die wärmsten Gebiete Südeuropas. Für die Zonen gelten unterschiedliche Vorschriften bezüglich des Mostgewichts, der Anreicherung sowie dem Säuern und Entsäuern.

Vor Napoleon und zu dessen Zeit betrug die Rebfläche im Taubertal rund 8.000 Hektar. Franken erschien einst, im 15. und 16. Jahrhundert, mit 40.000 Hektar Rebfläche gar als riesiger Weingarten. Vor dieser Ära hatte der Wald die Landschaft im Taubertal beherrscht. Dann lichtete der Weinbau Berge und Täler. Durch das Bistum Würzburg, durch zahlreiche Klöster, die ihren eigenen Messwein anbauten, sowie durch weinselige Ordensbrüder war dieses Rebenmeer entstanden. In jener Zeit war Franken das größte Anbaugebiet im Heiligen Römischen Reich nördlich der Alpen. Größer als das Weinanbaugebiet an der Mosel. Im Jahr 1332 wuchs so viel Wein, dass die Fässer nicht ausreichten. Küfer, Fassmacher, wurde daher zu einem begehrten und wichtigen Beruf.

Der üppige Weinanbau half der Region und einer Stadt wie Lauda im Dreißigjährigen Krieg auch zum Überleben. Die von den durchziehenden Heeren eingetriebenen Abgaben und Kontributionen in Form von Geld und Naturalleistungen konnten mit Wein abgegolten werden. Dadurch blieb Lauda vor größerem Unheil bewahrt. Wie Karl Schreck in seinem

Oberlaudaer Altenberg

Buch »600 Jahre Stadt Lauda« ausführt, wurde 1632 einem aufbrechenden Rittmeister drei Eimer und zwei Maß auf den Wagen gereicht. Ein Eimer hatte damals eine andere Maßeinheit als heute. Als Richtwert sei hier hundert Liter genannt. Ein Maß umfasste eineinhalb Liter.

Nach dieser Berechnung erhielt der Rittmeister anno 1632 also dreihundertdrei Liter Wein.

Die Maßeinheiten waren regional sehr unterschiedlich. Ein Eimer beinhaltete in Rothenburg zum Beispiel 78 Liter und in Wertheim 83,3 Liter. Ein Fuder bedeutete je nach Region ein Fassungsvermögen zwischen 800 bis 1.800 Litern und bestand aus zwölf Eimern. Fuder leitete sich von Fuhre ab und zielte auf die Ladung, die ein zweispänniger Wagen transportieren konnte. Für das Großherzogtum Baden galt die Maßeinheit: ein Fuder = 1200 Liter. Für Frankfurt am Main, dessen Weinmarkt damals von größter Bedeutung war, maß eine Fuhre 860 Liter.

Große Unterschiede gab es auch an der Tauber. In Rothenburg lud eine Fuhre 850 Liter und in Wertheim 1.440.

Die Stadt Lauda erhob in jener Zeit des sprudelnden Weines von jedem Eimer vier Maß. Entweder in natura oder in Geld. Die Steuereinnahmen der Stadt betrugen im Jahr 1605: sieben Fuder, zwei Eimer und eine Maß.

Für das Jahr 1617 verzeichnen die Stadtrechnungen im Stadtarchiv Lauda, ein Eimer sehr guten 1610er sei zu sieben Goldgulden gekauft und dem Fürstbischof in Würzburg geschenkt worden. Wein war damals eine Währung, der Weinkeller die Sparkasse. Im Jahr 1700 besaß ein Gulden ungefähr den Wert von rund 50 Euro im Jahr 2010. Für einen Gulden musste ein Meister damals zwei Tage arbeiten, ein Tagelöhner drei Tage mit einer Arbeitszeit von knapp vierzehn Stunden.

Das 16. Jahrhundert wird übrigens als die »Hauptzechzeit des deutschen Volkes« bezeichnet. Der Pro-Kopf-Verbrauch wird für diese Zeit auf 150 bis 200 Liter geschätzt. Heute sind es laut Deutschem Weininstitut rund 21 Liter.

Zum früheren Weinkonsum ist jedoch hinzuzufügen,

dass Kaffee, Tee, Obstsäfte oder Mineralwasser noch nicht existierten. Und Trinkwasser war häufig ungenießbar. Dadurch konzentrierte sich der Durst auf Bier und Wein, der aufgrund der Haltbarkeit bevorzugt wurde.

Zwei Jahrgänge aus der Hauptzechzeit aus der Buchquelle Karl Schrecks sollen nicht unerwähnt bleiben:

»1532 wuchs so viel und guter Wein, dass man, da die Fässer mangelten, den älteren Wein geringerer Jahre einfach auslaufen ließ oder vermauerte.«

1540. Der Wein dieses Jahres gilt als der beste Wein des Jahrtausends. In diesem Jahr regnete es von März bis November nicht.

Und dies zu einer Zeit, als die Sonne noch nicht badisch war!

Noch ein kleiner Schluck aus der goldguldenen Zeit des Weinbarocks im Taubertal. Johann Peter Buchler, ein Weinhändler in Gerlachsheim, dem wir auf unserer Weinlese-Reise noch begegnen werden, besaß bei seinem Tod im Jahr 1747 insgesamt 150.000 Gulden. Mit rund 517 Gulden war sein Großvater 1651 im Taubertal als Büttner, das eine andere Bezeichnung für Küfer ist, aufgetaucht. Zur zeitlichen wie wirtschaftlichen Einordnung: Goethes Großvater hinterließ 90.000 Gulden im Jahr 1730, und der Mann galt damals als vermögend. Frankfurt hatte in dieser Zeit bei 35.000 Einwohnern 400 Familien mit einem Vermögen von 30.000 Gulden.

Walther Buchler weist in seinem Buch »Dreihundert Jahre Buchler« zur Einordnung des hinterlassenen Vermögens von Johann Peter Buchler anno 1747 auf das Einkommen des damaligen Frankfurter Bürgermeisters hin, der pro Jahr 1700 Gulden erhielt. Und Frankfurt sei damals die teuerste Stadt Deutschlands gewesen.

Wein gab es in jener Zeit nicht nur im Überfluss, er

sorgte auch für Reichtum. Während früher ein reiner Verteilungsmarkt existierte, muss der Wein heute verkauft werden. Bis vor vierzig Jahren hatte der deutsche Wein überhaupt keine Absatzprobleme, es gab ja auch nicht mehr so viel. Der Kampf um die Gunst des deutschen Weintrinkers begann in dieser Phase vor dreißig, vierzig Jahren. Der Druck auf den deutschen Markt seither durch Weine aus Frankreich, Italien und Spanien, aus Ländern, in denen der Pro-Kopf-Verbrauch von über hundert Litern auf rund fünfzig Liter sank, sowie aus den Überseegebieten Australien, Neuseeland, Südafrika und Chile stieg enorm.

Wein wird heute nicht mehr gezecht, sondern zelebriert und mit mehr als einem Etikett versehen. Für Martin Pruszydlo, Sachgebietsleiter »Kultur, Tourismus, Messen, Märkte« bei der Stadt Lauda-Königshofen, ist die Attraktivität des Weines weiterhin ungebrochen. Heute spiele der Weingenuss in Kombination mit Architektur, Geografie und Geschichte eine zunehmend bedeutendere Rolle, sagt er. »Der Weintourismus ist das Schlagwort, so dass eine Weinprobe in einem historischen Gebäude oder eine Weinbergswanderung mit ausgebildeten Weingästeführern von Gästen stärker nachgefragt werden als klassische Weinproben.« Und von dieser Entwicklung würden nicht nur die Weinbaubetriebe sondern auch Unterkünfte, Gastronomie, der Dienstleistungssektor und der Einzelhandel der Weinbauregionen profitieren. »Dies bündelt alle verfügbaren Ressourcen und steigert die Attraktivität einer Weinstadt wie Lauda-Königshofen«, so Pruszydlo. Das Erfolgskonzept »Regionalität und heimische Produkte statt Globalisierung« stünde jetzt wieder verstärkt im Fokus und »ist definitiv ein zukünftiger Trend für die Bevölkerung und den Tourismus im Lieblichen Taubertal«.

Lauda-Königshofen, eine Gemeinde mit zwölf Stadtteilen, umfasst von den 615 Hektar Rebfläche Tauberfrankens rund 380 Hektar. Die Stadt kann demnach durchaus als die Hauptstadt der nördlichsten badischen Weinbauregion bezeichnet werden.

Die durch die territoriale Teilung Napoleons zum Dreiländereck gewordene Region zeigt sich auch in dem Sortenspiegel der hiesigen Winzer. Fränkisch sind Müller-Thurgau, Silvaner und Bachus. Württembergisch sind Kerner und Schwarzriesling, badisch die Burgundersorten Weißburgunder, Grauburgunder und Chardonnay.

Napoleon verteilte den Landstrich im Jahr 1803 bekanntlich an die Rheinbundstaaten Bayern, Württemberg und Baden.

Da die Region früher zu Würzburg gehörte, besitzt Tauberfranken noch heute das Bocksbeutelrecht. Die typischen fränkischen Rebsorten werden sogar auch überwiegend im Bocksbeutel gekauft. Das historische Bocksbeutelrecht besagt, dass nur die besten Weine in Bocksbeutel gefüllt werden.

Vertriebstechnisch ist der Bocksbeutel für die tauberfränkischen Winzer daher sehr wichtig. In Hamburg oder Berlin werden viele Weine in der bauchigen Flasche verkauft. Auch für Touristen, die die Region besuchen, ist der Bocksbeutel ein »schönes Mitbringsel«, sagt Hubert Benz vom Weingut Benz. Die Familie Benz, die vor zweiundzwanzig Jahren von Südbaden nach Beckstein kam, kennt sich aus mit den beiden Mentalitäten oder Seelen Tauberfrankens. Für Hubert Benz werden die Taubertäler zunehmend badischer, und der Badener in Sachen Genuss verstärkt fränkischer. Seine Tochter Corinna wurde übrigens nach der Übersiedelung ins Badische Frankenland 2006/2007 Badische Weinkönigin. Das Weingut Benz bewirtschaftet siebzig Hektar in den Reblagen Königshöfer Walterstal, Becksteiner Kirchberg, Königshöfer Turmberg und Unterbalbacher Vogelsberg.

Stefan Strebel zählt sich und seinen jungen Betrieb in Beckstein »auf jeden Fall nicht zu Baden«. »Die herzliche

Mentalität der Menschen hier, auch die etwas knorzige Art, ordne ich eindeutig der fränkischen Heimat zu«, sagt er. Genauso sei es auch bei den Weinen. »Während man aus Baden eher die kräftigen, breiten Burgunderweine kennt, sind es bei uns hier und in Franken eher die mineralischen, schlanken, eleganten Weine«, so Strebel. Fränkisch ist für ihn Silvaner und Müller-Thurgau, für Baden stehe die komplette Burgunderfamilie. Familie Strebel bewirtschaftet fünfzehn Hektar für die Genossenschaft in den Becksteiner Lagen Kirchberg, Nonnenberg und Geisberg sowie in Marbach den Frankenberg und vermarktet als Winzerhof einen Hektar selbst.

Nach Ansicht von Michael Braun, Geschäftsführer der Becksteiner Winzer, ist der Bocksbeutel eine Flaschenform, die Nostalgie und Herkunft verbindet. »Deshalb füllen wir die typischen fränkischen Rebsorten in den Bocksbeutel, um so Herkunft und Nostalgie zu vereinigen.« Württemberg ordnet Braun die Rebsorten Kerner und Schwarzriesling zu. Aus seiner Sicht sind Badner ruhig im Gemüt. »Franken sind eher stolz auf ihre Geschichte und somit auch bedacht darauf, diese zu bewahren. Da können schon mal Konflikte entstehen«, sagt er zu den geografischen und weinbaupolitischen Grenzen.

Silvaner   *Tauberschwarz*

Die 1894 gegründete WG, die drittälteste Genossenschaft Badens, bewirtschaftet eine Rebfläche von 270 Hektar in

21 Weindörfern auch außerhalb von Lauda-Königshofen. Die wichtigsten Lagen sind Becksteiner Kirchberg und Gerlachsheimer Herrenberg. Eine Besonderheit ist der Marbacher Frankenberg.

Das Verhältnis von Karlheinz Sack vom Weingut Johann August Sack aus Lauda zum Bocksbeutel ist gespalten. »Zum einen ist es ein gebietstypisches Gebinde, das durch Tradition und Nostalgie bei bestimmten Kunden, vor allem älteren Konsumenten und Ausländern, Vorteile im Verkauf bringt, zum anderen hat die Flasche erhebliche Nachteile im Handling.« Durch eine nicht optimale Qualitäts- und Preispolitik habe die Branche die Flaschenform als Synonym für Qualität selbst beschädigt, erklärt Sack. Zwischen Baden und Franken sieht er große Unterschiede: »Badische Weine sind oft in der Säure moderater, dadurch weicher und im Geschmack breiter. Durch den höheren Alkoholgehalt wirken badische Weine oft wuchtig und breit. Weine aus Franken sind von der Säurestruktur markanter, die Weine sind schlanker im Körper und filigraner.« Das seit 1924 bestehende Weingut verbindet fränkische Wurzeln mit der Zugehörigkeit zu Baden. Die Mentalität von Badnern und Franken beschreibt Sack knapp: »Franken sind neugieriger.«

Welchen Wein würde er Badnern und Franken zuordnen?

Für Baden Gutedel und Burgunder und für Franken Silvaner und Tauberschwarz, sagt er.

Das Weingut Sack bewirtschaftet rund 6,5 Hektar in den Lagen Oberlaudaer Steinklinge und Altenberg, in Königshofen in der Lage Kirchberg und in Marbach auf dem Frankenberg.

Für Christian Rudert, den Sommelier des Rebguts, ist der Bocksbeutel eine gute Tradition, die jedoch »mit viel Gegenwind« laufe. »Zuerst durch die Europäische Union, dann durch die Glashersteller, die diese Form sich inzwischen teuer bezahlen lassen.«

Für den Sommelier heißt das Taubertal zu Recht im Weinbaubereich Tauberfranken. »Der Badische Wein hat mit der Region entlang der Tauber nicht viel zu tun«, sagt Rudert über die Region, die sich über die politischen und weinbaulichen Grenzen hinweg definiert – und dies mit ihrer großen Geschichte auch kann.

Tauberfranken, Badisches Frankenland früher genannt, ist weit mehr als ein Cuvée aus Badischer Sonne und Fränkischem Boden.

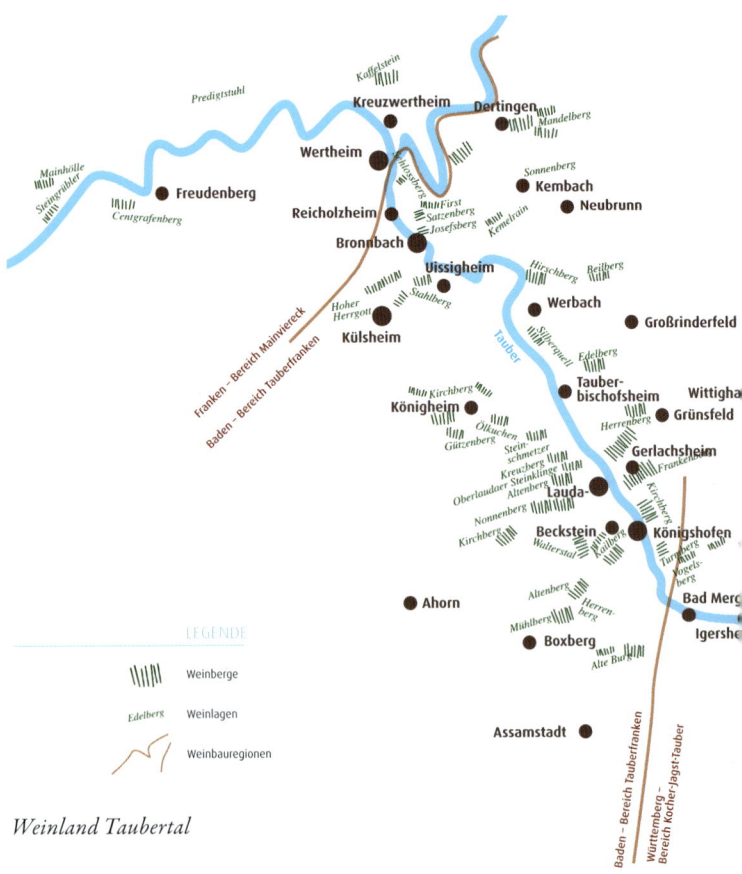

Weinland Taubertal

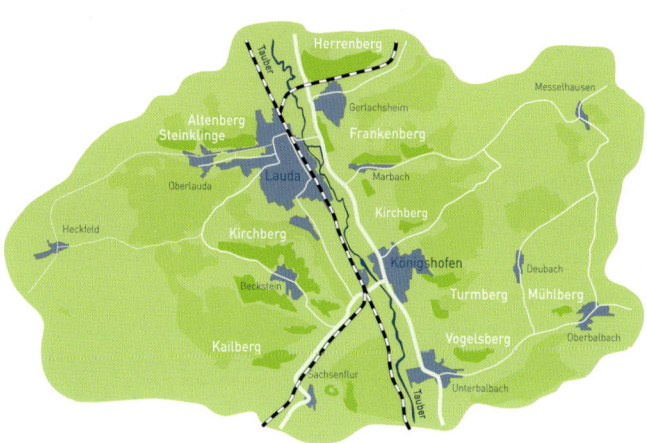

Stadt Lauda-Königshofen mit Weinlagen

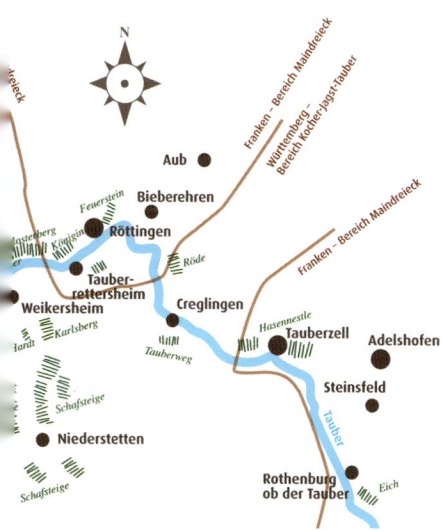

29

Tatort Madonnenland

Teil II

Rot-weiße Flatterbänder sperrten das Kreuz »Mater Dolorosa« weiträumig ab. Kriminaltechniker in weißen Schutzanzügen standen und knieten vor dem Bildstock. Streifenwagen und ein Notarztwagen parkten neben dem Kombi der Kriminaltechnik. Auf der Brücke zwischen den vier Heiligen gab es einen überschaubaren Aufmarsch einiger Dorfbewohner. Kriminalbeamte, auf der Suche nach Zeugen, befragten die kleine Menschenmenge.

Miriam lehnte am Cabrio und sah zu einem Polizeiauto hinüber, in dem Klaus vernommen wurde.

»Er ist auch Kommissar, bei der Mordkommission«, hatte Miriam erklärt, als die Polizisten des örtlichen Polizeipostens gleich nach ihrer Benachrichtigung eintrafen. Die beiden Beamten hatten auf den Hinweis des blutenden Bildstocks zu Miriams Verwirrung von einer Blutskapelle in Lauda, von Hostienfrevel und einer blutenden Hostie gesprochen. Dann waren sie zu Klaus geeilt, der den Tatort vor zu neugierigen Dorfbewohnern sicherte.

»Frau, Mitte dreißig, mittelgroß und schlank. Stranguliert, kein Blut«, hatte Klaus ihr knapp mitgeteilt. Die Leiche zu betrachten, hatte er ihr untersagt.

Das Opfer wollte sie mit eigenen Augen auch gar nicht sehen. Miriam blieb am Wagen stehen, der inmitten der grünen Landschaft auffiel.

Das ist also das reale Verbrechen, sagte sie sich, während sie die Maßnahmen der Polizei am Tatort betrachtete. Die Spurensicherer entfernten sich vom Bildstock und untersuchten die nähere Umgebung.

Klaus verließ nun mit dem Kommissar, der ihn vernommen

hatte, den Polizeikombi.

»Bis morgen«, sagte der 60-jährige Kommissar Armin Heid aus Tauberbischofsheim.

»Finden Sie den Täter!« Klaus reichte dem Kollegen die Hand und blickte nach seiner Partnerin. Als er sie entdeckte, lächelte er ihr zu.

Miriam verspürte Unbehagen. Sie war an der Reihe. Was konnte sie mitteilen außer dem Hinweis auf das Blut bei der Schlangentötermadonna? Klaus hatte dies doch sicherlich erwähnt. Gleich nach Ankunft der Polizei hatte er knappe Informationen gegeben, die wie Instruktionen klangen. Zwei Streifenbeamte waren daraufhin in den Ort gefahren und noch nicht wieder erschienen. Sie sicherten wohl die Stelle, sagte sie sich, während Klaus auf sie zukam und der Kommissar aus Tauberbischofsheim zum Tatort schritt.

»Alles klar?« Er berührte ihre Wange.

Sie nickte und sah zu dem Polizeikombi hinüber.

»Ich habe zu dem ersten Bildstock alles erklärt«, sagte Klaus. »Für heute musst du keine Aussage machen. Wir gehen morgen gemeinsam auf das Revier. Du machst deine Aussage, und ich unterschreibe meine bis dahin verschriftete Vernehmung. Dann ist der Fall für uns erledigt.«

»Erledigt?«

»Es ist nicht meine Zuständigkeit. Und wir sind hier in Urlaub.«

Sie dachte darüber nach.

»Aber die Frau? Die Leiche?«

»Das Opfer?«

»Ja. Wer ist sie? Weshalb wurde sie umgebracht?«

»Das werden die Kollegen hier aufklären.«

»Ist ihr Name schon bekannt?«

»Sie hatte ihren Ausweis bei sich.«

»Wie ist ihr Name?«

»Musst du das wissen? Es gibt so viele Opfer weltweit. Du interessierst dich doch für erfundene Verbrechen, nicht für die Realität und Polizeimeldungen in der Zeitung.«

»Aber wir haben die Leiche entdeckt!«

»Das war Zufall.«

»War es das?«

Er dachte darüber nach.

Sie nutzte seine Grübelei. »Das Blut tropfte mir auf die Stirn, und du wolltest nachsehen, ob auch der zweite Bildstock sozusagen blutet. Und dabei entdecktest du die Leiche.«

»Es ist noch nicht sicher, ob es sich um Blut handelt.«

»Das ist doch egal! Auch wenn es sich um Farbe handeln würde. Blutrot und eine Leiche. Das steht in einem Zusammenhang. Was sagte der Kommissar dazu? Du hast doch alles erzählt!?«

»Natürlich. Es ist noch zu früh, um Schlüsse zu ziehen oder Hypothesen aufzustellen.«

»Das Blut oder die Farbe, wenn es eine wäre, muss frisch gewesen sein, sonst hätte es nicht getropft!«

Vor Miriams innerem Auge lief die komplette Szenerie ab, nachdem sie Gerlachsheim betreten hatten. Sie sah die Einfahrt über die Brücke, die menschenleere Straße, den verlassenen

Ort, den Kopf der Schlange und den Fuß des Jesusknaben. Den Tropfen, der ihr auf die Stirn fiel, spürte sie körperlich. Dann tauchte das Auto, das ihnen auf der Brücke entgegen gekommen war, in ihrer Erinnerung auf. Sie erwähnte es.

»Hast du das der Polizei gesagt?«

»Natürlich, ohne das Auto oder das Kennzeichen näher beschreiben zu können.«

»Glaubst du, der hatte die Leiche im Kofferraum?«

»Und hatte vorher den Bildstock markiert?«

»Ja!«

»Nein, das glaube ich nicht. Aber der Fahrer könnte natürlich als Zeuge wichtig sein. Man wird ihn erst einmal als Zeugen suchen.«

»Und wenn er sich nicht meldet, ist er der Täter!«

»War es ein Mann?«

Sie überlegte. »Ich sah nicht zum Auto.«

»Ich auch nicht.«

Er berührte wieder ihre Wange. »Lass uns gehen. Wir müssen den Fall nicht lösen. Die Polizei wird den Täter finden. Und das werden wir erfahren.«

Sie zögerte. Sie sah zum Bildstock und von dort zur Brücke, auf der die Menschenmenge größer geworden war. Über die Eingangsstraße schlängelte sich ein Leichenwagen, der ihr wie eine schwarze Schlange erschien und sie augenblicklich an das Opfer denken ließ. Wer um Gottes Willen hat diese Frau getötet und weshalb?

»Lass uns gehen«, hörte sie Klaus sagen, der bereits im Wagen saß. Sie blickte zu dem Leichenwagen und stieg dann in den alten VW.

Sie fuhren ins Rebgut und bezogen ihr Zimmer.

Die Ankunft hatten sie sich anders vorgestellt. Während Klaus bemüht war, die Urlaubsstimmung wiederherzustellen, blieb Miriam nachdenklich. Die Leiche, obwohl sie sie nicht gesehen hatte, ging ihr nicht aus dem Kopf. Das Thema wollte sie jedoch nicht mehr anschneiden. Sie schwärmte von der Weinherberge. »Ich freue mich auf das Abendessen.« Dann küsste sie ihren Partner und sprang unter die Dusche. Als sie aus dem Badezimmer kam, war Klaus im Bett eingeschlafen. Sie legte sich im Handtuch eingewickelt neben ihn und betrachtete ihn im Schlaf.

Wie viele Leichen er in seinem Leben als Kommissar schon gesehen hatte? Bestimmt viele, sagte sie sich.

Ansonsten könnte man doch nicht einfach so einschlafen!

Sie legte sich auf den Rücken und starrte an die Decke – die Szenerie in Gerlachsheim ständig vor Augen.

Nach einer Weile spürte sie, dass er aufzuwachen begann. Sie stellte sich schlafend.

Klaus sah ihr nun eine Weile zu, froh, dass sie hatte abschalten können. Er hauchte ihr einen Kuss auf die Wange und stieg unter die Dusche. Als er aus dem Badezimmer kam, saß sie aufrecht im Bett.

»Ausgeschlafen?«

»Hmmh.«

Sie zogen sich schweigend an. Miriam schlug schließlich einen Spaziergang vor.

Sie liefen über Weinberge und an Trockenmauern entlang nach Oberlauda. Als sie nach rund einer Stunde zurück ins Hotel kamen, nahmen sie einen Aperitif im Restaurant. Während Klaus über ihre Urlaubspläne sprach, lauschte Miriam in der Kommunikation des Personals und den Gesprächen der Hotelgäste nach Hinweisen auf das Verbrechen. Sie konnte jedoch nicht herausfinden, ob darüber geredet wurde.

Den Abend versüßten sie sich mit dem Weinschmeckermenü und korrespondierender Weinbegleitung.

Als sie am anderen Morgen zum Frühstück ins Restaurant kamen, saß ein Hotelgast mit aufgeschlagener Lokalzeitung an einem Tisch. Miriam spickte beim Vorbeigehen auf das Blatt und erhaschte die Schlagzeile:

»Frauenleiche an Schmerzensmutter gefunden«

Während des Frühstücks starrte Miriam ständig auf die Zeitung. Als sie abgelegt wurde, überlegte sie, sie zu holen. Sie zögerte jedoch zu lange und ein weiterer Gast nahm sich die Ausgabe.

Klaus fiel Miriams Verhalten auf. Er wollte es aber nicht thematisieren. Genüsslich gab er sich dem Frühstücksbuffet und dem herrlichen Cappuccino hin. Miriam hingegen bekam kaum einen Bissen hinunter.

Nach dem Frühstück fuhren sie auf das Polizeirevier nach Tauberbischofsheim. Während Klaus in einem separaten Raum seine verschriftete Vernehmung vom Vortrag durchlas, wurde Miriam von Kommissar Heid in einem anderen Raum als Zeugin befragt. Aufgeregt versuchte sie sich an die Zeit zu erinnern, nachdem sie auf ihren Wunsch vor dem Einchecken im Hotel nach Gerlachsheim abgebogen waren. Ob das Schicksal gewesen war, fragte sie sich dabei in Gedanken.

Der Kommissar, der sie mit einer Protokollantin befragte, ließ ihr viel Zeit, sich zu erinnern. Wohl aus kollegialer Verbundenheit Klaus gegenüber, dachte Miriam und bemühte sich, alles detailliert zu erzählen. Heid fragte kaum nach. Wichtig schien ihre Zeugenaussage wohl nicht zu sein, sagte sie sich, als die Vernehmung ohne Nachfragen beendet wurde und sie das Protokoll zum Durchlesen und Unterschreiben erhielt.

So sehen also polizeiliche Ermittlungen aus: Schreibkram. Miriam las die Abschrift durch, um bloß keine Falschinformation zu unterschreiben, und setzte ihre Unterschrift neben das Datum.

Der mürrisch wirkende Kommissar nahm das Protokoll, bedankte sich und begleitete sie auf den Flur, auf dem Klaus bereits wartete. Bevor dieser sie sehen konnte, verabschiedete sich Heid.

»Alles in Ordnung?«, fragte Klaus, als Miriam auf ihn zukam.

»Das ist ja mühsam.«

»Das ist Ermittlungsarbeit. Vor Gericht muss alles korrekt und hieb- und stichfest sein. Wir sammeln Fakten. Deswegen braucht es zu Beginn der Ermittlungen immer viele Beamte, eine große Sonderkommission. Zeugenbefragungen, das Umfeld des Opfers beleuchten, die Auswertung von Verbindungsdaten.«

»Es dürften ja nicht allzu viele in Gerlachsheim eingelockt gewesen sein.«

»Wir bestimmt!«

»Sind wir verdächtig?«

»Nein. Wir müssen dennoch überprüft werden. Wir haben die Leiche gefunden. Wir waren am Tatort.«

»Wurde die Frau an dem Bildstock getötet?«

»Am Fundort? Ich denke nicht. Sie wurde wohl abgelegt.«

»Wer war sie?«

»Sie ist von hier. Aus Beckstein. Verheiratet, Kinder.«

»Das ist ja furchtbar.«

»Ja.« Er berührte ihre Schulter. »Gehen wir.«

Sie sah sich in dem Polizeirevier um. Telefone klingelten, Türen knallten, auf dem Flur standen Kommissare. Streifenbeamte führten eine Person ohne Handschellen herein.

»Wenn in den ersten Tagen der Täter nicht ermittelt wird, sinken die Chancen, sagt man, oder?«

»So ist es.«

Stadtteil Beckstein

»Gibt es einen Verdächtigen? Du hast doch sicher gefragt.«

Er zögerte.

»Du hast gefragt, da bin ich sicher. So in den Urlaub abgetaucht, kann der Kommissar in dir nicht sein.«

»Es gibt noch keinen Verdächtigen. Ihr Ehemann scheidet als Täter aus. Er hat ein astreines Alibi.«

Er berührte sie an der Schulter und führte sie aus dem Polizeirevier hinaus. Sie gingen zu ihrem Wagen.

»Wollen wir uns die Altstadt ansehen, da wir nun schon einmal hier sind?«, fragte Klaus.

Sie überlegte, obwohl sie längst einen eigenen Vorschlag hatte. Nach ein paar Sekunden kam sie damit heraus. Er sollte unverdächtig erscheinen.

»Der Ortsteil Beckstein ist doch ein staatlich anerkannter Erholungsort, ein Weinparadies, habe ich gelesen. Oder? Als Weinkenner müsstest du das doch wissen?«

»Ja, ist bekannt«, antwortete er knapp, Miriams Absicht erkennend.

»Sind da nicht auch viele Winzer?«

»Ja, das ist ein schönes Tal mit vielen Weinstöcken.«

»Ich habe gelesen, dass es dort auch einen Weinlehrpfad gibt.«

»Als Weinkenner, als den du mich hinstellst, dürfte ich dort nicht allzu viel Neues erfahren.« Er lächelte in sich hinein.

Miriam bedauerte, den Weinlehrpfad als Lockmittel ins Spiel gebracht zu haben, und dachte über ein weiteres Argument nach. Sie überlegte angestrengt und blickte in das grinsende Gesicht von Klaus.

»Du hast mich durchschaut!«

»Dich zieht es zu der Frau, oder? Sie heißt übrigens Marianne. Ich wollte dir den Namen eigentlich nicht mitteilen, damit du sie nicht personifizierst. Ich kann mit so etwas umgehen. Du solltest ihr Leben oder ihr Ableben aber nicht in deinem Leben mittragen.«

»Ich muss ständig an sie denken, obwohl ich kein Bild von ihr habe. Marianne. Steckt Maria drin. An der schmerzensreichen Mutter Gottes getötet.«

»Abgelegt.«

»Das hat ja dann sogar noch eine größere Bedeutung!«

»Wir müssen den Fall nicht aufklären. Wenn wir zurück in Frankfurt sind, wird bestimmt eine Leiche auf mich warten. Verbrechen geschehen überall.«

»Vor unseren Augen?«

»Wollen wir den Urlaub abbrechen und nach Hause fahren?«

»Wir setzen unsere Reise fort. Aber heute sind wir noch hier. Lass uns nach Beckstein fahren.«

Er atmete tief durch und nickte einverstanden. »Morgen fahren wir aber weiter!«

Als sie in das Tal abbogen, überließ er ihr die Planung. »Wo willst du hin?«

»Mitten in den Ort. Ich will Menschen treffen und keinen Wein trinken. Versteh mich bitte.«

»Ich verstehe dich ja! Aber das sind nicht die schönen Seiten des Lebens oder eines Urlaubes.«

»Wegsehen geht doch auch nicht.«

»Bin ich nicht mitgefahren?«

Sie fasste ihn am Arm. »Danke.«

Er steuerte den Wagen in die Ortsmitte und parkte an der Weinstraße.

»Wenn du jetzt etwas erfahren wolltest, was würdest du tun?«, fragte sie.

»Ich zeige meinen Dienstausweis und frage.«

»Du hast doch keinen Ausweis dabei.«

»Würde ich hier auch nicht machen. Ist nicht meine Zuständigkeit.«

»Lass mich nicht auflaufen. Hilf mir, bitte!«

»Du hast das hier gewollt, Frau Mey.«

Sie boxte ihn auf die Schulter. Dass er sie mit Rollennamen von Tatortkommissarinnen anredete, wenn er sich über ihren kriminalistischen Eifer als Fernsehermittlerin lustig machte, amüsierte sie eigentlich, aber mit Nina Kunzendorf hatte sie nun gar nichts gemein. Und außerdem hatte Conny Mey bereits ihren fiktiven Dienst quittiert. »Du nimmst mich nicht ernst.«

»Du leitest die Ermittlungen!« Er versuchte ein Grinsen zu verbergen, aber es gelang ihm nicht.

Miriam wollte das Spiel nicht ausreizen und sah von Klaus weg. Sie betrachtete den Ortskern und schlug vor, in ein nahegelegenes Gasthaus zu gehen. Es sei bald Mittagszeit und in einem Wirtshaus könnte man doch sicher etwas erfahren. »Was meinst du?«

»Ich würde in solch einem Weinort wie hier in den Reben nach Informationen suchen.«

»In den Reben?«

»Beim Spaziergang trifft man höchstwahrscheinlich auf einen Winzer oder auf einen einheimischen Fußgänger, einen Rentner. Die sind oft redselig. Ein wenig Plaudern über den Wein, den Jahrgang, das Wetter und dann kommt man zu dem Verbrechen. Das kann man indirekt ansprechen, in der Hoffnung, der Gesprächspartner steigt darauf ein oder direkt als Frage. Haben Sie das gehört? Ist schlimm, oder? So könnte es klappen.«

»So klappt es!«

Miriam küsste ihren Kommissar und ging in die Weinberge mit südlicher Ausrichtung. Klaus folgte ihr und griff nach ihrer Hand. Nach einer Weile stießen sie auf einen älteren Winzer, der mit einer Rebschere durch eine Rebzeile lief und das Blattwerk inspizierte.

»Grüß Gott! Wie wird der Jahrgang?«, rief Miriam zu ihm hinüber, während sie zuvor ihr Tempo verlangsamt hatte, um den Winzer in dem Moment zu passieren, in dem er den Weg erreichte.

Der ältere Mann blieb stehen. Er betrachtete die beiden, stufte sie als Touristen ein und nickte. »Gut. Nach dem Maifrost kann es nicht mehr schlechter werden.«

Miriam und Klaus blieben auf seiner Höhe stehen und erkundigten sich im Zusammenspiel nach dem Jahrgang, nach seiner Arbeit und nach dem Wetter. Die Antworten fielen knapp aus.

Aus dem scheint nicht viel herauszuholen zu sein, dachten beide und schwärmten von der Landschaft. Beckstein sei ja ein traumhafter Ort.

»In Beckscht verreckscht«, erwiderte der ältere Winzer.

Miriam und Klaus waren sprachlos. Meinte er das aktuelle Verbrechen?

Der Winzer sah ihr Erstaunen, amüsierte sich kurz darüber

und klärte sie über den alten Spruch auf. Der Ort sei als leidvoll angesehen worden. Man habe sich hier arg plagen müssen, um zu überleben.

Miriam hakte sofort nach. Sie hätte in der Zeitung von einem Verbrechen gelesen, die Frau stamme doch aus Beckstein. Ob der alte Spruch dahinter stehe?

»Das stand in der Zeitung, dass sie von hier ist? Habe ich nicht gelesen.«

»Wir haben es aber gelesen. Vielleicht in einer anderen Zeitung«, mischte sich Klaus ein. »Aber sie stammt doch von hier: Marianne Hofmann. Ich glaube so heißt sie. Stand das nicht auch in der Zeitung?«

»Nicht in unserer!«

»Aber es stimmt?«

Der Winzer nickte.

»So jung. Mutter, verheiratet.« Miriam schüttelte fassungslos den Kopf.

»Verheiratet!« Der Winzer lachte auf.

»War sie das nicht?«

»Doch, natürlich.«

Klaus ahnte den Hintergrund. »War sie getrennt?«

»Vielleicht nennt man das heute so.«

»Sie hatte einen anderen?«

»Oder der andere eine andere.«

»Das war bekannt?«

Der Winzer nickte.

»Dann weiß das jetzt auch die Polizei.«

»Bestimmt.«

»Wie heißt der Mann? Ist er aus Beckstein?«

»Nein.«

»Wie heißt er?« Miriam platzte beinahe vor Neugier.

»Sie sind nicht von hier?«

»Wir sind aus Frankfurt.«

»Da passiert das ja wohl täglich.«

»So schlimm ist es auch wieder nicht.«

»Wie heißt er?« Miriam trat von einem Fuß auf den anderen.

»Ist auch Winzer.«

»Das sind ja viele hier im Ort«, erwiderte Klaus.

»Er ist auf der anderen Seite der Tauber.«

»Wo?« Miriam hielt die Spannung kaum noch aus.

»Da liegt Marbach.« Der Winzer zeigte in die Richtung.

»Leben da auch viele Winzer?«

»Da gibt es nur einen.«

»Das Weingut?«, fragte Klaus überrascht.

»Sie kennen sich aus?«

»Wir sind auch zum Weintrinken hierhergekommen.«

»Hier können Sie Rebsorten trinken, von denen manche Städter noch nie etwas gehört haben.«

Klaus und der Winzer plauderten über den hiesigen Wein, während Miriam nach dem Namen des Winzers gierte. Klaus beendete dann freundlich das Gespräch und ging mit Miriam den Weg zurück.

»Das ist die falsche Richtung«, sagte der Winzer. »Von hier sind Sie doch gekommen.«

»Wir haben genug gesehen«, antwortete Klaus, und Miriam vernahm, wir haben genug gehört!

Fortsetzung auf Seite 54

Weinberg mit Pavillon in Beckstein

Becksteiner Kirchberg im Winter

Muschelkalk im Lieblichen Taubertal

Die Muschelkalkverwitterungsböden prägen den kargen Boden des Taubertals. Der hohe Steinanteil in Verbindung mit dem hohen Kalkgehalt der Böden verleiht der Landschaft im Herbst und Winter bei tiefstehender Sonne einen silbrig glänzenden Schimmer.

Charakteristisch für die lieblichen Hänge im Taubertal sind die Steinriegel. Die über Jahrhunderte aufgehäuften Steine wurden von den Weinbergen gelesen, um die Bodenbearbeitung von Hand zu erleichtern. Da es noch keine Traktoren oder Weinbergschlepper gab, wurden die Steine einfach in der Nähe aufgehäuft. Die Steinriegel verlaufen senkrecht an den Hängen. Sie sind Einöden für Insekten, Pflanzen, Schmetterlinge und gleichzeitig Wärmespeicher für die Weinberge. Dies hat ein Mikroklima zur Folge und erwärmt sogar die Parzellen, die in der Nachbarschaft liegen. Die Steinriegel sind jedoch zum großen Teil verschwunden, da sie kostbaren Grund und Boden belegen.

Die Humusschicht auf dem Gestein ist nicht groß; die Wurzel der Rebstöcke sprießt direkt in das Gestein. Dadurch ist das Geschmacksbild der Weine sehr stark vom Muschelkalk geprägt.

»Der Muschelkalk kann wenig Wasser speichern«, erklärt Christian Rudert, Sommelier des Rebguts in Lauda. »Gleichzeitig ist er aber ein sehr guter Filter.« Das Wasser, das am Fuß des Berges an die Oberfläche dringe, sei meist bereits trinkfähig. »Der Muschelkalk kann auch gut mit Mineralien haushalten.« Dadurch erhalte der Wein den typischen erdigen Geschmack, so der Sommelier, der in diesem Zusammenhang auf Silvaner und Spargel verweist. »Rotweine von diesen Lagen sind meist filigran und zeigen erst im Alter ihre wahre Kraft.«

Hubert Benz vom Weingut Benz in Beckstein bezeichnet den Muschelkalk als »mediterranen Meeresboden«, der dem Wein eine mineralische und dadurch auch gesunde Note verleihe.

Für Stefan Strebel vom Becksteiner Winzerhof Strebel ist der Muschelkalkboden im Taubertal »genial, um mineralische, schlanke, elegante Weine« zu erzeugen.

Der Muschelkalk sei hart, die Böden karg und flachgründig. Die Steine seien die Heizung des Weinbergs.

Daher greift ein guter alter Spruch: Wo ein Pflug gehen könne, dürfe kein Weinberg stehen.

Das Klima im Lieblichen Taubertal, das sogenannte Cool Climate, kommt der Frische der hiesigen Weine zugute, erklärt Michael Braun, Geschäftsführer der Becksteiner Winzer. »Tagsüber ist es warm und nachts kalt. Dies bewahrt die Säure der Frucht und somit auch die Frische im späteren Wein.«

Der Muschelkalk beeinflusse die Mineralik: Frisch und fruchtig mit wenig Mineralik des Muschelkalks in jungen Weinjahren. Und nach Lagerung erhielten die Weine mehr Mineralik und weniger Frucht und Frische. »Dadurch erhalten gesetztere Weine eine gewisse Geschmacksstruktur«, so Braun.

Für Karlheinz Sack vom Weingut Johann August Sack aus Lauda ist der Muschelkalk als Ausgangsgestein der Bodenentwicklung im mittleren Taubertal die Grundlage der flach- bis mittelgründigen Lehm- und Tonböden. »Die steinreichen Böden erwärmen sich sehr schnell und strahlen in den Abendstunden die Wärme an die Umgebung und die Reben ab«, so Sack. Kennzeichen der Standorte sei der niedrige Nährstoff- und Humusgehalt und die geringe Wasserspeicherkapazität der Böden. »Diese Voraussetzungen können im Zusammenspiel mit einer niedrigen

Niederschlagsintensität während der Vegetationsperiode zu Trockenstress für die Reben führen«, erklärt Sack.

Der Muschelkalk ist aber nicht nur eine Freude und eine Herausforderung für die Winzer im Taubertal. Das Gestein war zum Beispiel auch ein Liebling scharfsinniger Geister wie Jacob Grimm, der eine Muschelkalkversteinerung als Briefbeschwerer nutzte.

Goethe schwor zwar gesteinstechnisch auf Granit. Seiner Liebe zum Frankenwein, zu dem die heutige badische Weinbauregion Tauberfranken (nicht nur) historisch zählt, tat dies aber keinen Abbruch. Sein Ausspruch »Bringt mir noch einen Eimer vom Wertheimer« ist legendär und kann durchaus in die Nähe seiner Eloge auf den Jahrgang 1811, den Jahrhundert- und Kometenwein, gerückt werden. »Wer mir Wein bringt, sehe mich freundlich an, sonst trübt sich der Elfer im Glase«, dichtete er.

Nach Überlieferungen sind diesem Jahrhundertjahrgang einige erfahrene Zecher zum Opfer gefallen. Goethes Bestellungen von Frankenwein sind übrigens nicht weniger legendär als seine vinophilen Aussprüche. Im Jahr 1816 – der dichtende Weintrinker hatte den mörderischen 1811er problemlos überlebt – soll Goethe knapp 200 Liter Frankenwein bestellt haben. Im Jahr 1821 sogar über 500 Liter. Eine nicht nur von ihm bevorzugte Lage war der Würzburger Stein. Die Reblage besteht komplett aus Muschelkalkboden. Muschelkalkböden kommen zum Beispiel in Frankreich vorwiegend im Burgund vor.

Zurück zu Würzburg: Goethe selbst soll nie dort gewesen sein. Franken war jedoch für ihn ein »gesegnetes Land«. Das hat er nicht nur einmal gesagt – und im »Götz von Berlichingen« sogar einer Figur in den Mund gelegt.

Für den heutigen Reisenden, Wanderer, Radfahrer, Wein- und Dichterfreund sollte die alte Bischofsstadt Würzburg am Beginn einer Reise ins Liebliche Taubertal und darüber hinaus stehen. Wie bei den (erfundenen) Figuren im Krimi dieses Weinlesebuches könnte eine Reise in und durch das Taubertal an der zum UNESCO-Weltkulturerbe zählenden Residenz beginnen. Als Start auf der Romantischen Straße mit Ziel Neuschwanstein und Stationen wie Schloss Weikersheim, Rothenburg ob der Tauber und Augsburg ist die Bischofsstadt am Main mehr als stimmig.

Kloster Bronnbach

Wein und Würzburg, dazu kommen wir später noch einmal, denn Kirche und Wein sind in Franken eine fruchtbare Verbindung eingegangen, korrespondieren eher mit Tauberfranken als Baden und der Markgraf Karl-Friedrich. Der durch Napoleon zum Großherzog gewordene Markgraf hat in Mittel- und Südbaden Weingeschichte geschrieben.

Im Taubertal standen aber Klöster Pate.

Im Jahr 1209 wurde das Prämonstratenserinnen-Stift Gerlachsheim erstmals urkundlich erwähnt. Dies ist zugleich die erste Nennung des Ortsnamens Gerlachsheim in der Schreibung Gerlagesheim. Das Frauenkloster unterstand dem

Mutterkloster der Prämonstratenser in Oberzell bei Würzburg. Durch Schenkungen während des 12. und 13. Jahrhunderts kam das Kloster zu Weinbergen und Ländereien.

Das Kloster Bronnbach, das – von Wertheim aus nach Lauda kommend – nicht links liegen gelassen werden sollte, wurde 1153 gegründet. Im waldigen Buntsandstein im unteren Taubertal rodeten die Bronnbacher Zisterzienser Hänge und bauten Reben an. In der ehemaligen Zisterzienserabtei gibt es eine atemberaubende Vinothek mit »Weinreisen durch das Taubertal«. Die Weinproben werden individuell auf die Wünsche der Gäste abgestimmt. Auch Winzer aus Lauda-Königshofen sind in der Vinothek des Klosters zu finden. Von Bronnbach ist es nur ein Katzensprung in die Gegend um Lauda und Königshofen und seinen zehn Ortsteilen.

Die erste urkundliche Erwähnung der beiden namensgebenden Orte fällt in die Zeit um 741 beziehungsweise 1135.

Königshofen, der Marktflecken an der Tauber und der Umpfer-Mündung, ist der älteste Stadtteil. Nach den fränkischen Königen erlangten im 13. Jahrhundert die Fürsten von Hohenlohe die Herrschaft über den Ort. 1418 verkauften sie ihn an Kur-Mainz. Da verblieb er nahezu vier Jahrhunderte. 1753 wird der Ort erstmals »Stättlein« genannt, 1806 von Napoleon dann dem Großherzogtum Baden zugeteilt. Im Jahr 1415 erhielt Königshofen das Marktrecht. Daher findet nun schon seit über 600 Jahren die »Königshöfer Messe« statt. Sie ist mit mehr als 200.000 Besuchern und rund 160 Markthändlern und Schaustellern an acht Messetagen das spätsommerliche Ereignis im September und fest verwurzelt im Lebensgefühl des Taubertals, wie Bürgermeister Thomas Maertens 2015 zum 600-jährigen Jubiläum schrieb. Lauda-Königshofen zählt rund 14.500 Einwohner. Die Stadtteile sind rechts und links an der Tauber verstreut und erzählen jedes für sich ein Stück taubertäler Geschichte: von Wein, von Blutäckern der Bauernkriege, von Napoleon und Badisch Sibirien bis zum Tauberschwarz.

Neben dem Klassiker-Radweg, der von Rothenburg ob der Tauber bis zur Mündung in den Main in Wertheim führt und einer von nur zwei Fünf-Sterne-Radwegen in ganz Deutschland ist, kann die Region in mehreren Etappen auch auf dem Radachter westlich und östlich der Tauber befahren werden. Der Main-Tauber-Fränkische Rad-Achter ist sage und schreibe 552 Kilometer lang und teilt sich in einen West- und Ostring.

Lauda gehörte bis in das 13. Jahrhundert den Herren von Luden, die der Siedlung auch den Namen gaben. Aus Luden wurde Ludin, Luten, Lauden und um 1500 schließlich Lauda.

1344 erhielt der Ort das Stadtrecht. Nach verschiedenen Herrschaftsverhältnissen wurde Lauda im Jahr 1506

Oberamtsstadt des Fürstbistums Würzburg. Exakt dreihundert Jahre später kam der Ort zum Großherzogtum Baden. Die neue politische Randlage, Staatsbeamte wurden strafversetzt nach Badisch Sibirien, bewirkte ein wirtschaftlicher Rückschlag. Die Reblaus schlug nach Napoleon einen weiteren Sargnagel in die Weinregion. Mit dem Aufkommen der Eisenbahn 1866 wurde Lauda jedoch ein Verkehrsknotenpunkt auf den Strecken Würzburg-Stuttgart und Aschaffenburg-Crailsheim. Rund um die Dampflokomotive 052908-1, die als Denkmal in Bahnhofsnähe in Lauda steht, wird beim jährlich stattfindenden Dampflokfest die Eisenbahnerstadtgeschichte gefeiert. Beim Weinfest Anfang Juni zeigt sich die Altstadt Lauda mit seinen Fachwerkbauten als eine an Weinständen und in Lauben, Höfen und Kellergewölben pulsierende Menschentraube.

Das alte Klagelied »In Beckscht verreckscht« gilt schon lange nicht mehr. Weil das Leben und Arbeiten früher so mühsam war, erhielt der Ort den Ausspruch. Beckstein heute erscheint als Inbegriff des Wortes Weindorf. Landschaftlich nicht weniger atemberaubend ist die andere Seite der Tauber um Königshofen. Die riesigen Getreidefelder gestatten Panoramen, die die Bezeichnung Liebliches Taubertal verständlich machen. Gerlachsheim, Marbach, Messelhausen, Deubach und Ober- und Unterbalbach sind nicht nur eingemeindete Orte. Jeder hat seinen eigenen Reiz.

Auf der anderen Seite der Tauber finden sich zwischen Oberlauda, Heckfeld und Sachsenflur ebenfalls Getreidefelder, die an die Toskana-Region Crete erinnern. Und überall stehen Bildstöcke, die zum großen Teil aus dem Wohlstand resultieren, den der Wein aus Muschelkalkboden der Region gebracht hat.

Trockenmauer im Weinberg

Im lieblichen Taubertal

Gerlachsheim mit Klosteranlage und Grünbachbrücke

Tatort Madonnenland

Teil III

Sie gingen in die Ortsmitte zu ihrem Wagen. Das vierstimmige Geläut der Dorfkirche begleitete sie. Das Dur-Motiv stand im Kontrast zu ihrer Stimmung. Beide spürten, dass sie nicht im Einklang waren. Ihr Schweigen klang nach Moll.

Ein paar Kinder standen um das Cabrio herum und bestaunten es, als sie in der Weinstraße ankamen. Während Miriam überlegte, die neugierigen Kinder nach dem Verbrechensopfer zu fragen, stieg Klaus in den Wagen. Er legte die rechte Hand über den Beifahrersitz und sah auffordernd zu Miriam, die zögerte, das Gespräch mit den Kindern, die sich allmählich entfernten, zu führen.

»Frau Lindholm. Bitte einsteigen. Das ist kein Fall fürs LKA«, sagte Klaus ohne scherzhaften Unterton.

Miriam betrachtete ihn streng. Dann sah sie sich einen Augenblick in der Maria-Furtwängler-Tatort-Rolle, liebäugelte damit, sie auszuspielen und den Kindern zu folgen und sich alleine im Dorf umzuhören, ließ es jedoch schmunzelnd sein.

»Was ist?« Klaus reagierte auf ihren Gesichtsausdruck.

»Gehen wir zurück ins Hotel«, antwortete Miriam.

»Es ist unser letzter Tag hier. Willst du ihn im Zimmer verbringen?«

»Ist dies, du und ich im Hotelzimmer, so abwegig?«

»Natürlich nicht, aber das Wetter ist toll und – sieh dich doch mal hier um. Das ist ein Weinparadies!«

»Du wolltest doch nicht weiter in den Reben spazieren. Wir haben genug gehört! Wo zieht es dich hin?«

»Keine Ahnung. Ich will mich jedoch nicht mit dem Mord beschäftigen.«

»War es Mord?«

»Vielleicht war es Totschlag, eine Affekttat, und der Täter hat die Leiche so abgelegt, um falsche Spuren zu legen. Alles ist möglich. Alles muss bedacht werden, viele Hypothesen müssen aufgestellt werden. Aber nicht von uns! Wir sind hier in Urlaub. Unser erster gemeinsamer! Falls du dies vergessen hast!«

»Habe ich natürlich nicht. Für mich ist ein Verbrechen eben nicht alltäglich. Ich kann nicht so einfach zur Tagesordnung übergehen und die Urlaubstage so verbringen wie geplant.«

Er dachte darüber nach. »Kann ich verstehen. Vielleicht will ich einfach verhindern, dass du zu sehr eintauchst.«

»Das ist nett gemeint, Klaus, aber hilft mir gerade nicht.«

»Was hilft dir stattdessen?«

»Ich möchte etwas über das Opfer erfahren und wissen, weshalb sie getötet wurde.«

»Die Polizei wird den Fall lösen. Dann erfahren wir es. Wenn du willst, kommen wir zur Gerichtsverhandlung zurück. Da erfährst du fast alles. Über Opfer und Täter.«

»Ich will das aber hier und heute erfahren. Wir sind hier!

Sogar in dem Ort, in dem sie gelebt hat.«

»In Beckscht verreckscht!«

»Das hat wohl eine andere Bedeutung.«

»Okay, wie du willst, Miriam Gutenberg. Du bist ja ein eigenständiger – und manchmal eigenwilliger ...« Er lächelte. »... Charakter.«

»Du kennst also das Weingut in Marbach.«

»Wer kennt das nicht.«

Er klärte sie auf über die Wiederbelebung der Rebsorte Tauberschwarz, die dem Winzer David Vögtlin gelang.

»Dem Liebhaber der Getöteten!«, sagte Miriam elektrisiert.

Klaus nickte kühl und ging nicht darauf ein. »Jeder, der sich für die Weinregion hier interessiert, kennt die Geschichte. Fast ausgestorben und in den 1980ern reanimiert. 1994 erfolgte der Sorteneintrag.«

»Und dieser David Vögtlin schaffte das, was sein Vater jahrelang vergeblich versucht hatte.«

»Jahrzehntelang versucht hatte. Die Rebsorte galt lange als ausgestorben oder verschwunden.«

»Eine verschollene Rebsorte. Ist ja spannend.«

»Ist es. Der Alte soll über die geglückte Wiederbelebung richtig berauscht gewesen sein.«

Sie sah ihn mit großen Augen an.

»Das findet man auch im Wein«, sagte Klaus. »Geschichten, Geschichte, Dramen.«

»Und die Wahrheit. In vino veritas.«

Klaus nickte. »Sagt man.«

Sie sah ihn wieder mit großen Augen an.

»Was ist?«

»Schön mit dir in einer Weinregion zu sein. Man lernt viel. Ich entdecke ja erst Wein. Schön, ihn durch dich zu erfahren. Diese Rebsorte, von der du gesprochen hast ...«

»Tauberschwarz.«

»Ja. Wie schmeckt die denn?«

»Der Geschmack ist vielfältig. Die Rebe ist ein richtiges Wildgewächs. Selbst die Geiztriebe sind in der Lage, Wein zu erzeugen. Der Wein wird aber in unterschiedlichen Stilen ausgebaut. Das hängt vom Winzer ab. Der eine macht ihn süffig, schnelllebig, andere bauen ihn als Langstreckenläufer aus.«

»Langstreckenläufer.« Sie lächelte. »Schönes Wort. Erzähl mir mehr.«

Klaus begann ausführlich zu dozieren. Miriam ließ ihn eine Weile fachsimpeln und unterbrach ihn dann.

»Jetzt habe ich richtig Lust bekommen, die Rebsorte zu probieren. Du darfst mir dabei dann gerne weiter solche spannende Informationen geben.«

Sie machte eine Pause, um seine Reaktion zu beobachten. Der Weinkenner in Klaus war in diesem Moment stärker als der misstrauische Kommissar, der er fast immer war. »Wo, wenn nicht hier, kann man diese Rebsorte in ihrer Vielfalt probieren.«

»Da dieses Weingut Vögtlin den Tauberschwarz neu gezüchtet hat, wäre es doch sinnvoll, dorthin zu gehen und ihn dort zu probieren.«

Jetzt läuteten bei dem Kommissar die Alarmglocken. Er blickte kritisch wie mürrisch zu Miriam, die trotz aller Anstrengung ein leichtes Grinsen nicht verhindern konnte.

Klaus reagierte nicht darauf. Er sah sie mit dem strengen, undurchsichtigen Blick des Kommissars an. »Gute Idee. Wir machen eine komplette Runde. Neben dem Weingut Vögtlin gibt es noch weitere Winzer hier in Lauda. Wir trinken uns durch den Tauberschwarz! Wirklich gute Idee! Es ist ja unser letzter Tag hier. Morgen geht es weiter.«

Er machte eine Pause, um ihre Reaktion zu beobachten.

Miriam nickte gedankenverloren. Wirklich gute Idee, dachte sie. Dann kann ich mich bei den anderen Winzern über David Vögtlin erkundigen. Bei dem dürften wir ja nicht allzu viel erfahren!

Sie nickte noch einmal, dieses Mal mit einem Lächeln.

»Super Idee! Wer fährt?«

»Ich. Ich habe schon auf Weinmessen eine größere Anzahl von Weinen probiert. Ausspucken muss man als Weinliebhaber genauso lernen wie Weintrinken.«

»Dann legen wir los!«

Das Glockengeläut klang aus und übertrug das Dur-Motiv auf die beiden.

Sie fuhren nach Marbach in das Weingut Vögtlin. Der Verkaufsraum war geöffnet. Auf dem Hof standen mehrere Autos. Eine kleine Gruppe Touristen belagerte die Theke im Verkaufsraum. Eine Frau – Miriam und Klaus nahmen an, dass es sich um die Ehefrau des Winzers handelte – schenkte Wein aus. Die Touristengruppe war laut. Sie wirkte angeheitert und ließ der Winzerfrau keine Möglichkeit, sich um die neuen Gäste zu kümmern. »Von dem nehme ich einen Karton«, sagte einer, ein anderer Mann rief dazwischen, er nehme von dem anderen – »den wir als ersten getrunken hatten« – zwei

Kartons. Dieser hier würde ihm nicht so gut schmecken.

Den Wünschen nachgehend, griff die Frau zum Telefon, sprach einen knappen Satz und legte umgehend auf. Dann entkorkte sie eine neue Flasche. Eine Beerenauslese, wie sie sagte.

Der Weinort Marbach

Miriam und Klaus sahen sich in dem Verkaufsraum um, der modern ausgestattet war. Auf Barriquefässern standen Flaschen mit Gläsern. Prospekte lagen aus. Miriam steckte zum Missfallen des Kommissars i.U. sämtliche Prospekte sowie die Analysedaten der Weine ein.

Nach einer Weile erschien ein attraktiver Mann um die fünfzig. Er trug Jeans, ein Hemd und Lackschuhe. Er sah zu der beschäftigten Frau, die ihn mit einem Kopfnicken auf Miriam und Klaus hinwies. Klaus fiel auf, dass die Frau – mit Sicherheit die Ehefrau – bodenständiger, einfacher wirkte und nicht so attraktiv erschien wie der Winzer, der umgehend auf die beiden Touristen zuging.

»Guten Tag. David Vögtlin«, sagte er, ohne seine Hand

zum Gruß zu reichen.

»Wir sind aus Frankfurt«, erwiderte Klaus. Miriam, die noch rasch einen Prospekt einsteckte, eilte an die Seite von Klaus, den Winzer grüßend wie musternd. Der untreue Ehemann, sagte sie sich.

Klaus erklärte ihr Anliegen und verwickelte Vöglin in ein Gespräch über den Tauberschwarz. Miriam bekräftigte – etwas übertrieben wie Klaus fand – ihr Interesse an dieser Rebsorte. »Sie sind ja doch so etwas wie deren Vater!«

Vöglin ging nicht darauf ein. Sachlich und reserviert – kühl wie Miriam fand – brachte er seinen Tauberschwarz zur Verkostung. Feinherb wie trocken, als Cuveé und in verschiedenen Jahrgängen. Seine Ausführungen dazu blieben knapp. Miriam nahm erfreut wahr, dass Klaus sich alle Mühe gab, dem Winzer etwas zu entlocken. Der Kommissar in ihm schien durch die maulfaule Art des trauberfränkischen Winzers angespornt zu werden, dachte sie, während sie dem Gespräch lauschte, dabei immer wieder zu der Ehefrau blickend, die noch von der Touristengruppe auf Trab gehalten wurde.

Miriam versuchte, die Atmosphäre zwischen den Eheleuten zu erspüren. Dass der Winzer fremdging, war kein Geheimnis, sagte sie sich.

Aus dem Gespräch zwischen dem pausenlos redenden Klaus und dem stets knapp antwortenden Winzer vernahm sie, dass ihr Kommissar zum Angriff überging und sich dem Kern näherte. Klaus erwähnte Weinprinzessinnen und scherzte, als Winzer – und dann auch noch als solch ein renommierter – würde man doch sicher viele Weinhoheiten küssen dürfen. Ob man da nicht schwach werde? Zumindest nach ein paar Gläschen?

Während Vöglin lauthals lachte und den Kopf schüttelte, fixierte ihn Klaus, die Reaktion einschätzend.

Miriam betrachtete ihn mit Stolz und einer gehörigen Portion Verliebtheit.

Nachdem Klaus den kompletten Ausbau des Tauberschwarz gekostet hatte und seine Fragetechnik ausgeschöpft war, nahm sich Miriam – die Unwissende spielend – den Winzer vor.

Vergeblich – wie beide stöhnten, als sie mit zwei Kartons zum Wagen gingen.

»Ich kann nicht einmal sagen, ob der Wein gut war«, meinte Klaus. »So sehr konzentrierte ich mich auf die Fragerei. Das war meine erste Weinvernehmung. Leider ergebnislos. Hast du etwas in Erfahrung gebracht?«

»Nicht wirklich. Als Ehepaar kann ich sie mir nicht wirklich vorstellen. Aber das sollte man so einfach nicht bewerten. Die Frau hatte ganz schön Stress.«

»Hatte?« Klaus lachte.

»Die trinken und kaufen wohl das Weingut leer«, sagte Miriam mit Blick zum Verkaufsraum, aus dem Geräusche der Touristengruppe drangen.

»Die haben hier auf jeden Fall ein gutes Marketing«, sagte Klaus und deponierte die Kartons im Wagen. Dann fuhren sie los.

»Kannst du noch?«, fragte Miriam.

»Ab jetzt spucke ich aus.«

»Ob dies förderlich für die Wahrheitsfindung ist?«, fragte Miriam lachend.

»Winzer sind schon ein eigener Schlag!«

Sie fuhren nach Beckstein und suchten die dort ansässige Winzergenossenschaft auf. Da sie durch den Tauberschwarz zu Informationen über das Weingut Vögtlin und den Winzer David Vögtlin kommen wollten, baten sie – potentielle Großkunden in Frankfurt spielend – um ein Gespräch mit dem Geschäftsführer. Dass Michael Braun im Haus war und sich sofort Zeit nahm, sahen sie als glückliche Fügung. Dass der

Mann auf den Tauberschwarz gar nicht gut zu sprechen war, demotivierte sie allerdings. Geistreiche, weinselige Versuche, etwas über den Winzer Vögtlin zu erfahren, zeigten ebenfalls nicht die erhoffte Wirkung. Um Punkte gut zu machen, kostete Klaus mit dem Hinweis, nicht auszuspucken – Er wollte es sich nicht komplett verbauen. – das Repertoire der WG. Ohne jedoch die erhofften Informationen zu erhalten.

»Außer Spesen nichts gewesen«, sagte er, als er erneut zwei Kartons in den Wagen hievte.

»Jetzt fahre ich«, erwiderte Miriam.

»Und ich gebe nochmal Gas. Die Tauberfranken werden doch weichzukochen sein!«

Als sie im Weingut Benz offensiv und mit hessischem Charme die fränkischen Schranken einzureißen versuchten, erfuhren sie, die Familie Benz stamme aus Südbaden. Um diesen frühen Rückstand wettzumachen, verkostete Klaus nicht nur den Tauberschwarz von Hubert Benz.

»Soll ich zu Fuß gehen?«, fragte Miriam, als Klaus die gekauften Kartons im Auto verstaute.

»Vernehmungen mit Dienstausweis sind einfacher«, erwiderte Klaus und wies Miriam an, zum Winzerhof Strebel zu fahren. »Der befindet sich auch in Beckstein.«

Als ihnen dort gleich mitgeteilt wurde, dass der Winzerhof keinen Tauberschwarz ausbaue, änderte Klaus seine Taktik. Er trank sämtliche Weißweine und versuchte im Plauderton Informationen zu bekommen. So entschieden Stefan Strebel über seine Weine sprach, so entschieden verweigerte er Aussagen über Kollegen.

Bevor sie in Lauda das Weingut Sack aufsuchten – an Aufgeben dachten beide nicht –, brachten sie das Ergebnis der bisherigen Recherche – acht Karton Wein – in ihr Hotel.

Karlheinz Sack äußerte sich zwar ausführlich über den Tauberschwarz, weiterführende Informationen ergab die promillehaltige Ermittlung allerdings auch hier nicht.

Nachdem sie im Weingut Günther in Gerlachsheim erfahren hatten, dass das traditionsreiche Weingut, das Wurzeln in der Buchler-Historie hat und seit 1857 im Besitz der Familie Günther ist, in naher Zukunft aufhöre, kaufte Klaus gleich mehrere Kartons, ohne auch nur eine ermittlungstaktische Frage zu stellen.

Als sie später auf ihrem Zimmer in der Weinherberge den Stapel Wein betrachteten, lachten sie herzhaft. »Ich habe schon Aktenberge gesehen, die mir mehr Angst einflößten«, grinste Klaus.

»War eine schöne Aktion«, erwiderte Miriam beseelt.

Sie duschten und richteten sich für das Abendessen. Zum Hauptgang tranken sie Tauberschwarz und duellierten sich mit dem Sommelier bezüglich ihres heute erfahrenen und ertrunkenen Weinwissens.

»Morgen geht es weiter auf der Romantischen Straße«, lächelten beide mit Vorfreude.

»Ich habe so viel gelernt durch dich«, sagte Miriam. »Und das Verbrechen schon fast vergessen. Unser Leben geht weiter. Ich freue mich auf die weitere Reise mit dir.«

Sie berührte seine Hand.

»Radfahren auf dem Fünf-Sterne-Weg, alte Städte, romantische Schlösser – Wir kommen«, erwiderte Klaus.

Sie standen auf. Am Nachbartisch fing eine Frau, die kurz zuvor angerufen worden war und das Gespräch angenommen hatte, zu schreien an. So laut, dass sich alle Gäste im Restaurant zu ihr umdrehten. Auch Miriam und Klaus.

»Ermordet?! Sabine?! Das ist ja furchtbar!«

Fortsetzung auf Seite 84

Klosterwein und Weinhandel

Die Verbindung von Kirche und Wein war im Taubertal außerordentlich fruchtbar. Fürstbischöfe, Weinbau und Weinhandel sorgten für eine große Blüte. In jener Zeit wurde der Taubergrund zum »Madonnenländle«. Die Bildstöcke sprechen noch heute von dem einstigen Reichtum und der Dankbarkeit über den Glückssegen. Im Taubertal, wo das fürstbischöfliche Kur-Mainz und das würzburgische Bistum zusammenstießen, lag der Wiederaufbau nach den Zerstörungen des Dreißigjährigen Krieges bei den geistlichen Fürsten. Dies zeigt sich noch heute in den Barockbauten der Residenzen und Kirchen.

Würzburg mit Festung

Bereits vor dem Krieg hatten sich Klöster um die Landwirtschaft und den Weinbau verdient gemacht. Sie betrieben systematisch Weinanbau und achteten auf Qualität. Die Weine des Klosters Gerlachsheim und des benachbarten Weindorfs Marbach galten als die besten der Region. Der Bischof von Würzburg nahm das im Bauernkrieg zerstörte Kloster Gerlachsheim 1563 in seinen Besitz, ein bischöflicher

Amtsvogt hielt die Tradition im Weinbau aufrecht.

Julius Echter von Mespelbrunn war von 1573 bis zu seinem Tod 1617 Fürstbischof von Würzburg. Er gründete 1576 die gemeinnützige Stiftung Juliusspital in Würzburg, zu der heute eines der größten Weingüter Deutschlands gehört. Die Erlöse tragen seit jeher zur Finanzierung sozialer Aufgaben bei.

Der heilige Kilian, der angeblich im Jahr 689 in Würzburg ermordet wurde, ist nicht nur Schutzpatron einiger Städte und der gesamten Region Franken, sondern in Beckstein Schutzpatron der Winzer.

In der Christianisierung des Frankenreiches zwischen dem 4. und 6. Jahrhundert liegt der Ursprung des Weinanbaus in Franken. Die Römer hatten hier keinen Einfluss auf den Weinbau. Die Kelten, die Franken in der Frühzeit besiedelt hatten, tranken nachweislich Wein, bauten aber keine Reben an. Sie bezogen ihren Wein über die alten Handelswege.

Die erste urkundliche Erwähnung des Weinbaus in Franken findet sich in einer Schenkungsurkunde aus dem Jahr 766. Kaiser Karl der Große vermachte fränkische Weinberge an das Kloster Fulda. Spätere Schenkungen an das ferne Fulda sind ebenfalls aufgrund der klösterlichen Buchhaltung dokumentiert.

Ab dem 12. Jahrhundert wuchs der Rebbau im Taubertal dann stetig. Im Jahr   1103 in Wermutshausen. 1154 in Unterschüpf, 1192 in Königshofen, im Jahr 1209 in Gerlachsheim und 1260 in Messelhausen.

Pioniere des Rebbaus waren – wie bereits im Kapitel »Muschelkalk im Lieblichen Taubertal« erwähnt – die Zisterzienser. Das Kloster Bronnbach wurde im Jahr 1153 gegründet und gilt als Schule des Terrassenbaus sowie der Kellerwirtschaft.

Bischöfe protektierten den späteren Handel. Durch Devisenanfall, Zoll und Steuern kamen sie natürlich auf ihre Kosten.

Krieg und Kirche, das liegt vielleicht näher beieinander als Wein und Krieg. Doch diese Verbindung ist jedoch auch untrennbar miteinander verwoben.

Die vielen Kriege, vor allem der Dreißigjährige Krieg, zerstörten nicht nur die Region, sondern halfen auch beim Wiederaufstieg im 17. Jahrhundert. Da das riesige Weinbaugebiet der Rheinpfalz im Krieg gegen Ludwig XIV. und später im Spanischen Erbfolgekrieg verwüstet wurde, konnten die Tauber- und Mainweinhändler große Erfolge erzielen.

Bis zum Ende des 18. Jahrhunderts waren Weinbau und Weinhandel die Haupteinnahmequelle der geistlichen und weltlichen Herrschaften. Beim Winzer wurde der Weinzehnt in natura erhoben, der Weinhandel mit Steuern, Zöllen und Umgeld, der heutigen Umsatzsteuer, belegt. Der Zehntwein diente zur Entlohnung der Beamten, der Geistlichen und der Soldaten.

Um den enormen Weinbau zu bewältigen, wurden viele Winzer oder Bauern – im Taubertal Häcker genannt – benötigt. Der Wein musste zudem gekeltert, gelagert, abgefasst, transportiert und verteilt werden. Da das Fass nahezu das einzig brauchbare Behältnis war, hatte das Büttnerhandwerk eine große Bedeutung.

Die Mehrheit der Einwohner waren jedoch Häcker. Sie waren leibeigen und wurden von ihren Herrschaften auch zu Frondiensten herangezogen. Dieses mühevolle Dasein löste die Bauernkriege aus.

In den Bauernkriegen ereignete sich im Juni 1525 eine blutige Schlacht in Königshofen. Das Grün entlang der Tauber und am Turmberg wird heute noch Blutäcker genannt. Nachdem das schwäbische Fürstenheer durch das Umpfertal über Boxberg nach Königshofen gezogen war, kam es am 2.

Juni gegen 16 Uhr zur Schlacht auf dem Turmberg. 4.000 Bauern wurden auf ihrer Flucht über das offene Gelände Richtung Marbach und Lauda getötet.

In dem Buch »Weinwanderungen an der Tauber«, die von Rothenburg bis nach Wertheim führen, wird der Frankenwein in Verbindung zur Bauernerhebung wie auch zu der Niklashauser Wallfahrt gestellt: Der Frankenwein, erdig und selbstbewusst, stimme rechthaberisch und antiautoritär, heißt es in dem Buch von Carlheinz Gräter.

Im Hohen Mittelalter, mit dem Wachstum der Bevölkerung und dem Entstehen von Städten und Marktplätzen, war die Rebfläche enorm gewachsen. Man spricht von einst 40.000 Hektar in Franken. Zur Einordnung: Deutschland hat heute eine Rebfläche von 100.000 Hektar.

Die damalige Größe konnten klösterliche Laienbrüder wie herrschaftliche Tagelöhner nicht mehr bewältigen. Daher ließen die Grundbesitzer ihre Weinberge in Erbpacht bewirtschaften. Für die Nutzung war eine Weinabgabe fällig. Teilbau wie Drittelbau waren weitere Instrumentarien. Beim sogenannten Drittelbau wurde dem Winzer zwei Drittel der Rebfläche überlassen.

Der Zehnte stand zwar ursprünglich nur der Kirche zu, wurde jedoch auch von den weltlichen Herrschaften erhoben. Der Zehnte war früher Kirchenzehnter genannt worden.

Bis zum Dreißigjährigen Krieg lag der Weinhandel bei Handelskompanien, die durch Privilegien geschützt wurden. Der Wein wurde mit Schiff oder Gespann transportiert.

Wertheim, an Main und Tauber gelegen, war über Jahrhunderte ein Handelsplatz und Umschlagplatz für Wein. Der Transport auf dem Wasser war sicherer und schneller sowie günstiger als der Weintransport mit der Fuhre. Nach dem Bau der Burg im 12. Jahrhundert erhielten die Grafen zu Wertheim Zollprivilegien.

Im 13. Jahrhundert gab es Weinfuhren von Bronnbach nach Köln. Die Abtei hatte vom damaligen Kaiser Friedrich II. für einige Zollstätte Zollfreiheit erhalten.

Im Wertheimer Stadtarchiv sind durch Rechnungsbelege Weintransporte aus dem 16. Jahrhundert bekannt: 1570 waren es 793 Fuder, 1575 waren es sogar 894. Im Jahr 1573 hat der Weinhändler Lorenz Baunach drei Ladungen Wein nach Köln mit insgesamt 386 Fuder verschifft. Der Erlös: 19.505 Gulden. In Wertheim betrug ein Fuder ja 1.440 Liter. 386 Fuder waren also über 500.000 Liter Wein.

Als beispielhaft für den Wirtschaftszweig Wein in jener Zeit steht die Familie Buchler.

Die Geschichte beginnt in Gerlachsheim mit Krieg, der Kirche und natürlich mit Wein. Mit Blick in die Gegenwart (ins Jahr 2016) auf den militanten Widerstand französischer Winzer gegen spanische Importe gerichtet, begleitet den Wein irgendwie immer Krieg.

Hierzu eine Episode: Als 1631 die Schweden unter Gustav Adolf in Franken waren, wuchs ein ausgezeichneter Wein. Wegen der kriegerischen Lage verzögerte sich die Weinlese jedoch bis in den Januar 1632. Der letzte Most war laut Karl Schrecks Lauda-Buch »einem dicken Öl und Alentzwein gleich süß gewesen«. Gustav Adolf nahm damals die gesamten Weinvorräte in Würzburg in Beschlag: 35.000 Fuder. Das waren in Litern: 26 Millionen!

Zur heutigen Lage auf dem globalen Weinmarkt: Während Deutschland rund 100.000 Hektar Rebfläche hat, bewirtschaftet Spanien mit der weltweit größten Rebfläche über eine Million, Frankreich und Italien liegen jeweils bei rund 800.000 Hektar. Hinzu kommen die Weinproduzenten aus Übersee. Von weltweit ungefähr 7,5 Millionen Hektar Rebfläche befinden sich in Europa rund 3,5 Millionen.

Wein, das zeigt sich in der Landschaft, ist jedoch mehr als

eine Ware. Er ist Kultur und Kulturlandschaft. Winzer sind auch Landschaftspfleger.

Zurück zur Familie Buchler und der Weinregion Lauda-Königshofen.

Im Jahr 1645, der Dreißigjährige Krieg (1618-1648) tobte noch, war der bischöfliche Klosterverwalter zu Gerlachsheim auf der Suche nach einem Büttner. Im November beschrieb er dem Bischof in Würzburg in einem Brief die Situation. »In des Klosters tiefen Keller«, schrieb er, seien zwei große Fässer verdorben. »Weil der liebe Weinstock« sich jedoch »so schön erzeigt« habe, begehrte der Klosterverwalter

 vom Klosterbüttner die Fässer auszutauschen. »Von Bartholomä bis jetzt« habe er den Fassmacher jedoch noch nicht »zur Arbeit bringen können«. Weil »sich der liebe Herbst so reichlich angelassen« hatte, bedrängte der Klosterverwalter in Gerlachsheim den Büttner, die Fässer auszutauschen, bevor wieder Soldaten kämen. Dass der Büttner für den bisher bezahlten Ortsgulden nicht mehr

Mariensäule Gerlachsheim

arbeiten wollte, verwunderte den Verwalter. Noch mehr, dass dies die letzten Worte des Klosterbüttners waren. Danach verließ dieser nämlich das Kloster und kam nicht wieder. Der Klosterverwalter schickte Kelterknechte nach Lauda und bot dortigen Büttnern den doppelten Lohn, »aber keiner ist wegen des unsicheren Reisen gekommen«.

So kam die Stunde des Martin Buchler, der sich gerade, aus

dem Odenwald kommend, frisch verheiratet in Gerlachsheim niedergelassen hatte. »Endlich wird die Lage durch einen jungen Büttner, der sich dieses Jahr erst nach hier niedergelassen hat, gerettet«, schrieb der Klosterverwalter im November 1646 nach Würzburg.

Der junge Büttner machte schnell Karriere. Von 1660 bis 1669 war er Mitglied des Dorfgerichts. Zwei seiner vier Kinder wurden ebenfalls Büttner. Einer der beiden, Johann David, stieg im Dienst des Klosters auf. Im Jahr 1696 – sein Vater war 1670 gestorben – erhielt er für zwanzig Jahre Dienst als Klosterbüttner einen Weinberg geschenkt und wurde frei. Als freier Bürger und aus dem Dienst des Klosters entlassen, begann er mit seinem jüngeren Bruder neben dem Büttnerhandwerk einen eigenen Weinhandel. Die Zeit war günstig. Das Weinbaugebiet der Rheinpfalz hatte durch den Krieg stark gelitten. Die Tauber- und Mainweinhändler schlossen diese Lücke. Hauptumschlagsplatz war der Frankfurter Markt. Von den Weintransporten dorthin haben wir ja bereits gehört. Nahezu alle fränkischen Weinhändler schickten zwischen 1720 und 1760 Familienmitglieder nach Frankfurt, wo sie auch das Bürgerrecht erhielten.

Johann David starb 1724. Im Jahr 1700 stiftete er den Bildstock »Schlangentötermadonna«.

Seine drei Söhne betrieben bereits ausschließlich Weinhandel. Zwei Söhne, Johann Peter (1680-1747) und Johann Martin (1695-1753) begründeten den Aufstieg der Weinhändlerfamilie Buchler. Neben Frankfurt nahmen sie sich auch den oberschwäbischen Markt vor. Einer Niederlassung in Augsburg folgte später auch eine Dependance in Amsterdam.

Die Augsburger Niederlassung beim Herkulesbrunnen am Weinmarkt versorgte mit Erfolg das schwäbische Gebiet. In Frankfurt, wo das Buchlerhaus an der Buchgasse am Weinhafen lag, wurde in Konkurrenz mit den Weinanbaugebieten am Rhein und in Frankreich für einen Absatzmarkt des fränkischen Weines gekämpft. Anfänglich arbeiteten die Buchler nicht selbst in Frankfurt, sondern in Kompanien mit ihren Vetternfamilien.

Ein wichtiger Baustein des Erfolges der Familie Buchler lag nämlich in ihrer Heiratspolitik. Sie heirateten in alteingesessene Königheimer Weinhändlerfamilie ein. Nachfolgegenerationen taten dies auch. Eine Tochter der verzweigten Buchler-Dynastie heiratete einen aus Italien zugezogenen reichen Weinhändler.

In Frankfurt war man anders als in Augsburg über die Zuwanderung der fränkischen Weinhändler nicht erfreut. Deren Einbürgerung war jedoch nicht zu verhindern. Der Antragssteller heiratete stets eine Frankfurter Bürgerstochter.

1852 wurde in Amsterdam die Buchlerische Handlung aufgegeben. Zwei Brüder kehrten nach Frankfurt zurück und lebten dort als Weinhändler. Mit dem Tod dieser beiden Brüder 1856 und 1871 endete der Frankfurter Zweig der Buchler.

Die Häuser in Frankfurt und Augsburg waren da längst aufgegeben und liquidiert worden. Die Weinhandelskompanie Buchler hatte die Folgen der Säkularisation nicht überstanden. Auch hier stehen die Buchler exemplarisch für das Taubertal.

Napoleon und die Reblaus gelten als die Totengräber des einstigen Weinbarocks im Taubertal. Durch die Verteilung an die Rheinbundstaaten war das Tauberland zum Hinterland ferner Residenzen geworden. Diese hatten ausreichend Weinbau und verfolgten eine abgrenzende Zollpoltik im Dreiländereck. Mit der Säkularisation verschwand die klösterliche Tradition. Die Besoldung mit Wein und die Begleichung der Steuer waren auch Geschichte. In dem abgelegenen Teil Badens baute niemand mehr Wein an.

Diese Entwicklung beschleunigte auch der Import von Tee

und Kaffee. Und was von dem einstigen Rebenmeer noch übrig blieb, fiel zwischen 1880 und 1890 der Reblaus zum Opfer. Im Winter 1889 erfroren die Reben bis auf die Wurzeln.

Die zahlreichen Bildstöcke und das 1706 erbaute Buchlerhaus in Gerlachsheim zeugen aber noch heute von einer großen Zeit, die heute im Kleinen wieder Größe zeigt. 1857 verkauften die Buchler das Buchlerhaus an die Familie Günther, die bis heute Weinbau in Gerlachsheim betreibt. Und wie hier zu lesen und zu spüren, sind in der Grenzregion Baden, Franken und Württemberg beherzte Winzer am Werk.

Die Buchler blieben übrigens Unternehmer. Nach Gerlachsheim, Augsburg, Frankfurt, Amsterdam verlagerten Familienmitglieder ihre Geschäfte zum Beispiel auf Leder und in Städte wie Budapest, Triest und London. Wäre Gerlachsheim kein Dorf gewesen, wären möglicherweise die Buchler die Rothschilds des Taubertals geworden. Ins Bankgeschäft waren sie sogar kurz eingestiegen.

Buchlerhaus der Familie Günther

Spannend und romanhaft wie die Rothschilds oder die Buddenbrooks ist die Weinhandelskompanie Buchler auf jeden Fall. Es ist Taubertäler Weingeschichte, die mit Martin Buchler 1645 in den Wirren des Dreißigjährigen Krieges begann, als er dem Kloster Gerlachsheim die Fässer rettete.

Historisches Buchlerhaus

Die Eisheiligen

Sie sind nicht nur den Winzern in Tauberfranken bekannt, die gestrengen Herren und die kalte Sophie aus den immer noch während Bauernregeln. Auch wenn der julianische Kalender gewechselt hat und wir seit Ende des 16. Jahrhunderts im gregorianischen Kalender blättern. Die Eisheiligen, auch Wetterheiligen genannt, jagen Landwirten noch immer Furcht beziehungsweise Frost ein. Im sogenannten Wonnemonat Mai kann es Bodenfrost geben. Ab dem 15. Mai, mit dem Fallen der kalten Sophie aus dem (gregorianischen) Kalender, bleibt laut Bauernregel das Frühlingswetter stabil.

> Vor Nachtfrost du nie sicher bist
> bis Sophie vorüber ist

heißt eine von vielen überlieferten Bauernweisheiten.

Über Väterchen Frost – die russische Märchenfigur klingt lieblicher als sie fürs Taubertal, für Badisch Sibirien, in der Realität ist – können die Winzer in Lauda-Königshofen ein frostiges Lied singen.

»Wir Winzer im Taubertal benötigen kein Bungee-Jumping. Die Wetterkapriolen sind für uns als Nervenkitzel ausreichend«, sagt Karlheinz Sack. »Frost, als Winter- und Spätfrost und gelegentlich als Frühfrost, ist ein ständiger Begleiter. Maßnahmen zum Frostschutz sind ein Muss zur Ertragssicherung im tauberfränkischen Weinbau.«

Die Möglichkeiten zur Prävention gegen Winter- und Frühfrost sind gering. Bei Spätfrösten sind Möglichkeiten vorhanden, die je nach Art und Intensität des Frostes eine gewisse Sicherheit bringen.

»Eines ist jedoch sicher«, erklärt Sack. »Die Maßnahmen

sind entweder arbeitsintensiv wie zum Beispiel das Arbeiten mit Frostruten oder sehr kapitalintensiv wie der Einsatz einer Frostschutzberegnung. Eine Frostschutzberegnungsanlage ist wirtschaftlich nur dann rentabel, wenn sie gleichzeitig zur Wasserversorgung während Trockenstressperioden eingesetzt wird.«

1956 wurde im Taubertal eine Frostschutzberieselung installiert. Dies war damals neuartig und auch zum Teil weitsichtig. Mängel haben sich nach Ansicht der Winzer erst im Lauf der Jahre gezeigt. So erschwere das Verlegen der Rohrleitungen quer zum Hang den Einsatz von Maschinen. Die hatten damals natürlich noch nicht diese Bedeutung wie heute.

Für den aus Südbaden stammenden Hubert Benz ist der Frost entschieden der Frust des Winzers. Aber es gebe auch gute Seiten. »Man kann mit der Berieselungsanlage im Sommer auch gegen Trockenheit beregnen, was die letzten Jahre immer wichtiger wird«, so Benz.

Stefan Strebel hält die 1956 in Beckstein installierte Anlage für beeindruckend. »Die Überkronenbewässerung war damals schon ein Wahnsinnsfortschritt, um den Winzern sichere Erträge zu gewährleisten.« Zur damaligen Zeit habe sich dieses Riesenprojekt mit ziemlicher Sicherheit auch selbst bezahlt gemacht, da gute und sichere Erträge sich auch gut als Wein vermarkten ließen. »Heute ist der Unterhalt einer solchen Anlage kaum noch mit Wein zu bezahlen, zumal die Anlage eine derzeit wichtige Mechanisierung nicht zulässt«, erklärt Strebel.

In Beckstein wurde die Anlage mittlerweile bis auf einen kleinen Teil um den Weinlehrpfad herum abgebaut.

Nützlich, wenn wirtschaftlich rentabel, wäre eine Frostberieselung heute durchaus. Fröste der vergangenen Jahre haben große Schäden angerichtet. Einige Landstriche mussten sogar 50 Prozent Ausfälle hinnehmen. In Beckstein hat ein Frühjahrsfrost im Jahr 2011 fast 90 Prozent der Ernte vernichtet.

»Frost im Frühjahr verbunden mit Schäden an den Rebstöcken kommt im Taubertal spätestens alle fünf Jahre zum Vorschein«, sagt Michael Braun. »2011 und 2016 sind aktuell die konkreten Jahrgänge mit Frostschäden. In Beckstein visionär entwickelt und gebaut, sicherte man sich dauerhaft über Jahrzehnte hinweg konstante Erträge. Und nicht nur im Frühjahr wurde geschützt, sondern auch in trockenen Sommern gewässert«, so Braun.

Eine Frostberieselung funktioniert allerdings nur flächendeckend, da nicht bewässerte Weinbergsflächen völlig vernichtet werden.

»In Beckstein haben einzelne Winzer die Berieselung boykottiert und abgebaut. Damit war das Thema Frostberieselung beerdigt«, berichtet Braun.

In Gerlachsheim existiert eine flächendeckende Frostberieslung. Im Frostjahr 2011 hatten die Winzer in Gerlachsheim hundert Prozent Ertrag.

Mit dem Abschluss der letzten Rebenanpflanzung Anfang der 1970er-Jahre war das Projekt am Herrenberg angegangen worden. Wasserrinnen und ein Rückhaltebecken zur Entwässerung mussten installiert werden. Die Wasserrinnen hatten die Aufgabe, große Mengen Niederschlagswasser dem Grünbach zuzuleiten und Überschwemmungen im Weinberg abzufangen.

Ein Speicherbecken mit einem Fassungsvermögen von 55 Millionen Litern wurde im Sommer 1972 angelegt. Mit Hilfe eines Pumpwerkes mit drei Pumpen zu je 130 PS wird das Becken gespeist. Ein weiteres kleineres Speicherbecken für zwei Millionen Liter Wasser wurde ebenfalls angelegt.

Eine Frostschutzberieselung ist erfolgreich, weil gefrierendes

Wasser Wärme freisetzt. Dadurch wird ein Erfrieren der Triebe verhindert. Es muss jedoch sehr lange bewässert werden, bis die Temperatur den Gefrierpunkt überschritten und ein Plusgrad erreicht hat. Die Drehstrahlregler haben eine Reichweite von zwölf Metern. Für die Anlage in Gerlachsheim, für rund 45 Hektar Rebfläche, sind 1800 Drehstrahlregler installiert worden. Die Rohrleitungen für den gesamten Herrenberg belaufen sich, wie in dem Buch »Gerlachsheim. Geschichten eines Dorfes« zu lesen, auf eine Länge von 40.000 Metern. Die Beregnung bei Frost erfordert pro Stunde rund 1,8 Millionen Liter Wasser. Bei einer Beregnung von zehn Stunden sind das 18 Millionen Liter Wasser. Das große Speicherbecken fasst 55 Millionen Liter Wasser. Bei einigen Frostschutzzeiten ist eine Berieselung über acht Stunden hinweg erforderlich.

Durch die zunehmenden Trockenperioden erhält die ursprüngliche Frostschutzberieselung eine weitere Bedeutung. Ein- bis dreimalige Beregnungen von acht bis zehn Stunden in der Nacht sind in den letzten Jahren zur Regel geworden, um eine Niederschlagsmenge von rund 25 Millimetern herbeizuführen, was 25 Liter pro Quadratmeter entspricht.

Gerlachsheim Herrenberg

Für die Winzer sind mittlerweile die Herausforderungen durch zu geringe Niederschläge genauso hoch wie durch Frost.

Kein Jahr ist wie das vergangene. Das wissen Winzer und Weinliebhaber.

2012 war im Taubertal ein perfekter Jahrgang. Durch einen idealen Verlauf der Witterung – zum richtigen Zeitpunkt ausreichend Niederschläge – und einem warmen, trockenen Reifeverlauf im Herbst konnte ein optimales Lesegut geerntet werden.

Reichtum ist damit heute aber nicht mehr zu machen.

Wenn man viel Geld verdienen will, das sagen alle Weinmacher, sollte der Beruf des Winzers oder der Betrieb eines Weingutes nicht angestrebt werden.

Die Gestaltungsmöglichkeiten mit der Natur seien allerdings groß und freudvoll. Das betonen alle. Bei der Arbeit im Weinbau und dem anschließenden Ausbau der Weine ergeben sich zahlreiche Möglichkeiten, Einfluss auf die spätere Präsenz eines Weines zu nehmen.

»Erfolgt dann eine positive Resonanz von Kundenseite und Weinwettbewerben ist das zum einen Bestätigung, wie ein guter Wein schmecken soll, und zum anderen Ansporn, den eigenen Qualitätsanspruch noch zu steigern«, sagt Karlheinz Sack, der die Vermarktung von Wein in Zeiten des Überflusses für nicht einfach hält.

Für Christian Rudert, den Sommelier des Rebguts, ist der Vertrieb das Entscheidende. »Was nützt es, einen guten Wein zu machen und keiner weiß es.«

Der konventionelle Anbau mit Massenerträgen ist nach seiner Ansicht in den 1980er Jahren untergegangen. »Dieses Jahrzehnt hat den meist Nebenerwerbswinzern schwer zugesetzt. Es gab nur zwei Jahrgänge, die mit gutem Ertrag da standen.« In diese Zeit fiel die Wiedergeburt des

Tauberschwarz. »In den 1990ern waren die Winzer soweit, auch mal Neues auszuprobieren«, sagt Rudert. »Junge Winzer mit Studium kamen nach. Neue Absatzkanäle kamen dazu und ganz wichtig, der Endverbraucher sah die Qualität. Mit den sehr guten Jahrgängen 2000, 2005, 2012 und 2015 steht der Deutsche Weinbau wieder im Gespräch der internationalen Elite. Es gab auch keine Zeit davor, in der die Winzer so gut ausgebildet waren wie heute«, erklärt der Sommelier.

Für Hubert Benz gab es früher und gibt es heute im Taubertal aufgrund des Wetters kleine Trauben von sehr guter Qualität. Mühsam sei Weinbau immer gewesen, heute habe man jedoch moderne Technik. »So macht das Winzersein auch Spaß«, sagt Benz.

Zu früheren großen Jahrgängen befragt, erwidert Michael Braun, Vergangenheit sei Vergangenheit. Er weist darauf hin, dass 2015 ein sehr gutes Jahr gewesen sei, aufgrund der geringen Niederschläge habe es jedoch Einbußen im Ertrag von rund 15 Prozent gegeben.

Nach Einschätzung von Stefan Strebel gibt es keine guten beziehungsweise schlechten Jahrgänge. »Die Kunst des Winzers ist es, auf jeden Jahrgang individuell einzugehen und die vielen kleinen Stellschräubchen so zu stellen, dass aus jedem Jahrgang ein guter Wein wird.«

Die Naturkapriolen seien Herausforderung wie ständiger Begleiter. »Wer den Beruf des Winzers ergreift, muss wissen, dass seine Werkstatt im Freien ist«, sagt Strebel, für den der Vertrieb die größte Herausforderung darstellt. »Die besten Trauben und der beste Wein nützt nichts, wenn es der Winzer nicht versteht, ihn zu vermarkten.« Der Winzer müsse seine Leidenschaft und sein Herzblut fürs Weinmachen auch an seine Kunden übertragen.

Vorbei sind die Zeiten, als die Fässer nicht ausreichten für den gelesenen Wein. Das war im Jahr 1532 und noch im julianischen Kalender gezählt.

Da sich im Wein jedoch stets das Klima des Jahrgangs befindet, blättern wir die Zeit vor der 1956 in Beckstein installierten Frostberieslungsanlage, damals die größte in Europa, kurz auf. Die Weinchronik entstammt dem Buch »Weinwanderungen an der Tauber«.

1934 – trotz Maifrösten ein sehr guter Jahrgang

1947 – am 9. und 10. Mai, vor den Eisheiligen, viel erfroren

1953 – Frostkatastrophe am 10. und 11. Mai

1954 – in Marbach alles erfroren

1955 – Frühjahrsfröste

Die Eisheiligen sind (früher und heute) eine feste Größe in welchem Kalender auch immer.

Tatort Madonnenland

Teil IV

»Eine zweite Leiche?« – »In zwei Tagen?!« – »Wieder eine Frau!« – »Verheiratet, Kinder!« – »Der Beginn einer Serie?«

Miriam und Klaus hatten sich wieder an ihren Tisch gesetzt und flüsterten.

An den Nachbartischen breitete sich ebenfalls die Nachricht aus. Die beiden Urlauber aus Frankfurt lauschten dem Gemurmel.

Dies war ihr zweiter Tag im Lieblichen Taubertal, in der Region für Kulinarik, Wein und Kultur und an jedem Tag gab es eine Frauenleiche!

An einem Bildstock soll das Opfer, Sabine war ihr Name – der wurde mehrfach mit Familiennamen erwähnt –, aufgefunden worden sein.

»Erwürgt« hörte Miriam und gab es Klaus weiter. Der hatte sofort das Bild des ersten Opfers hinter dem Bildstock Mater Dolorosa vor Augen.

Das Alter des zweiten Opfers wurde ähnlich eingestuft wie das Alter der Frau aus Beckstein. Noch keine vierzig! Miriam vernahm diese Information ebenfalls von einem Tisch nebenan.

Keine vierzig Jahre alt.

Klaus sah ihr Entsetzen und war selbst entsetzt. Er sah ihr Zögern, der unsichere Griff nach seiner Hand, die als Faust geballt am Tischrand pochte, und sah ihren Urlaub entlang der Romantischen Straße mehr als einem Verbrechen zum Opfer fallen. Das war auch für ihn eine Leiche zu viel.

»Wir bleiben«, erklärte er.

In ihrem stummen Nicken erkannte er, dass auch sie diesen

Wunsch hatte.

Er griff nach ihrer Hand, berührte den Handrücken, spürte die Kälte, die sich in ihr breit gemacht hatte, und stand auf. Er ging zur Theke und erklärte dem Personal, dass sie morgen nicht abreisen würden, sondern länger blieben.

»Ihr Zimmer ist bereits gebucht und auch die anderen Zimmer sind belegt. Es tut mir leid«, wurde ihm mitgeteilt.

Klaus blickte zu Miriam, die weiterhin nach den Gesprächen an den Nachbartischen lauschte, und wollte nach weiterer Übernachtungsmöglichkeiten fragen. Der Restaurantleiter kam ihm jedoch zuvor: Wenn sie ausgebucht seien, würden sie stets auf das Weinhotel in Beckstein verweisen. Ob er dort anrufen und nachfragen solle?

Klaus nickte und befand Beckstein als idealen Stützpunkt. Miriam würde dies genauso sehen. Er sah zu ihr hin und entdeckte ein besorgtes Gesicht.

Probleme? Dies war darin zu lesen. Als er am Telefon vernahm, die Anschlussunterbringung sei möglich, lächelte er Miriam zu und hob den Daumen.

Am anderen Morgen waren sie die ersten beim Frühstück. Miriam griff sich die Zeitung, die mit einer weiteren Schlagzeile aufwartete:

Zweite Frauenleiche an einem Bildstock

Der Beginn einer Serie?, fragte das Blatt in der Unterzeile.

Sie verschlangen den Artikel und das Frühstück. Dann checkten sie aus und fuhren durch den Wald vorbei am Galgenberg nach Beckstein. Die Fahrt im Cabrio vorbei an Getreidefeldern und blühenden Wiesen ließ bei beiden Wehmut über den veränderten Urlaub aufkommen. »Das erinnert ja fast an die Toskana, an Crete«, sagte Miriam und

bat Klaus an der Kreuzung nach Heckfeld zu stoppen. Sie gingen ein paar Schritte und waren von dem Weitblick über die leichte Hügellandschaft begeistert. »Erinnert wirklich an Crete. Natürlich nicht so weit und ausgedörrt«, sagte Klaus und fühlte sich durch beider Kenntnisse der Toskana-Region südlich von Siena, über die sie bislang noch gar nicht gesprochen hatten, stärker verbunden denn je. »Dorthin verreisen wir das nächste Mal.«

»Jetzt lösen wir aber erst einmal den Fall«, erwiderte Miriam.

Sie lieferten ihren Reisekoffer im Weinhotel am Nonnenberg ab, ließen die Dauer ihres Aufenthaltes offen und machten sich auf den Weg nach Deubach. Dort war die zweite Frauenleiche gefunden worden, wie in der Zeitung zu lesen war. Sie fuhren über den Stadtteil Königshofen nach Unterbalbach. Miriam, die auf ihrem Smartphone die Karte betrachtete, stieß im Zielort auf einen Straßennamen und erschauderte. »Da gibt es einen Totenweg.«

»Lag dort die Leiche?«

»Keine Ahnung.«

»Fahren wir einfach mal durch das Dorf, ist ja nicht so groß«, sagte Klaus und fuhr Richtung Messelhausen. Miriam lieferte ihm Orts- wie Straßennamen. Als sie die Ortschaft verließen, entdeckten sie einen Bildstock, vor dem einige Blumen ausgebreitet waren. Die Junisonne brannte, und die Umgebung wie das Dorf schienen ausgestorben.

»Hier muss es gewesen sein«, sagte Miriam.

Klaus fuhr noch ein paar Meter und parkte am Seitenrand. »Die Kriminaltechniker haben wohl die ganze Nacht gearbeitet«, sagte er. »Kein Flatterband ist mehr zu sehen.«

Miriam stieg aus. Sie ging unerschrocken zu dem Bildstock und suchte nach Blutspuren. Klaus sah währenddessen nach Hinweisen. Er kniete auf die Erde und berührte das Gras. »Die Leiche könnte hier gelegen haben.«

»Fundort ist wahrscheinlich wieder nicht Tatort.«

»Hier ist kein Blut zu sehen. Strangulation ist allerdings unblutig.«

»Außer das Opfer wehrt sich.«

»War wohl bei beiden Tötungen nicht der Fall.«

»Das Opfer hatte demnach keine Chance«, sagte Miriam.

»Du fragst dich, ob der Täter männlich war?«

»Ja. Aber ihr geht bereits davon aus, oder? Ich meine ihr, die Polizei.«

Klaus nickte. »Diese Tötungsart wählen eher Männer. Und außerdem wurden die Leichen bewegt. Sie dürften nicht schwergewichtig gewesen sein. Ich habe zwar nur das erste Opfer gesehen, aber ich denke, die zweite Frau ...«

»Sabine«, unterbrach ihn Miriam.

»... Sie war sicher auch nicht kräftiger. Eine weibliche Person könnte die Leiche demnach durchaus bewegt haben. Oder es waren zwei Täterinnen.«

»Was glaubst du?«

»Ich glaube nichts, ich ermittle.«

»Wer könnte der Täter sein? Wir gehen von einem Mann aus!«

»Wir wissen zu wenig, um ein Täterprofil zu erstellen, Miriam. Wir haben ja nicht einmal den Obduktionsbericht.«

»Wir haben zwei Opfer.«

»Genau. Das ist der Ansatz. Gibt es Verbindungen, Gemeinsamkeiten? Haben sie sich gekannt?«

»Hatte auch sie eine Affäre?«

»Das müssen wir herausfinden.«

Sie dachten darüber nach und sahen sich in der Umgebung um. Ein knatterndes Moped mit einem Mädchen mit Helm am Lenkrad und ein Traktor mit einem knöchrigen Bauern am Steuer fuhren vorbei. Der Traktorfahrer starrte sie noch an, als er bereits ins Dorf tuckerte. Miriam wartete darauf, dass Klaus ihm nachfuhr, um ihn anzusprechen.

»Wir müssen etwas über das zweite Opfer erfahren«, sagte er stattdessen.

»Sie soll in Königshofen wohnen.«

»Habe ich auch gelesen. Nach dem zweiten Mord in zwei Tagen gibt es in der Berichterstattung wohl keine Zurückhaltung mehr.«

Miriam ging um den Bildstock herum und dachte nach. »Ich könnte mich als eine Freundin aus Frankfurt ausgeben und nachfragen«, sagte sie nach einer Weile. »Ich will sie spontan besuchen. Ich sage, ich sei zufällig hier und weiß von nichts.«

Klaus dachte darüber nach. »Keine gute Idee.«

»Hast du eine bessere?«

»Gerade nicht.«

»Dann machen wir es so.«

»Traust du dir das zu?« Klaus berührte sie an der Schulter

und sah sie liebevoll wie respektvoll an. »Das ist kein Fernsehkrimi.«

»Mit dir an der Seite schaffe ich das.«

Sie griff nach seiner Hand. Dann hielt sie inne und betrachtete den Bildstock. »Auf dem ist kein Blut. Was hat das zu bedeuten? Keine Serie?«

»Das finden wir heraus«, erwiderte Klaus und ging mit ihr zum Wagen.

Sie suchten im Internet nach der Adresse des zweiten Opfers, deren Vor- und Zunamen sie kannten, und fuhren zu dem Haus in Hanglage. Es war ein altes Gebäude mit einem Neubau und einem verspielten Vorgarten.

Klaus parkte neben der Hofeinfahrt. Im Hof standen zwei Autos nebeneinander. Menschen waren keine zu sehen. Klaus war froh, keinen Polizeiwagen vorzufinden. Er schaltete den Motor aus und sah zu Miriam hinüber, die ihre Augen geschlossen hatte. Sie atmete durch. Nach langen Atemzügen öffnete sie die Augen, lächelte Klaus zu, berührte kurz seinen Oberschenkel und stieg entschlossen aus. Klaus sah ihr im Außenspiegel nach. Ob das die beste Idee war, fragte er sich und klopfte nervös mit seinen Fingern auf das Lenkrad.

Miriam ging zielgerichtet die Haustreppe hinauf. An der Tür entdeckte sie zwei Klingeln. Sie fragte sich, wo sie läuten sollte, wenn lediglich der Familienname an beiden Klingeln stehen würde. Die Eltern oder Schwiegereltern der ermordeten nicht einmal vierzig Jahre alten Frau könnten im Haus wohnen.

Während sie nachdenklich die Treppe nach oben schritt, erschien zwischen den beiden im Hof geparkten Autos ein älterer Mann, den Miriam mit analytischem Blick sofort als mindestens siebzigjährig und Vater oder Schwiegervater einstufte. Sie hielt inne und grüßte freundlich. Es sollte so unschuldig und unverdächtig wie möglich wirken.

Ihre Tonlage bestach. Der ältere Mann, zwar noch distanziert in seiner Körpersprache, erhielt weichere Gesichtszüge. »Kann ich etwas für Sie tun?«

Königshöfer Kirchberg

Miriam erklärte sich. Der ältere Mann schien nicht überzeugt. Er blickte skeptisch. Miriam entdeckte dies sofort und redete dennoch unbeeindruckt weiter. In einem Urlaub hier habe sie Sabine kennengelernt. Sie hätten sich gelegentlich per E-Mail geschrieben, log sie, in der Hoffnung ihren Mörder zu finden.

Die Skepsis des Mannes wurde größer. Er näherte sich der Treppe. »Sind Sie von der Presse?«

»Nein, eine Freundin, eine Bekannte aus Frankfurt«, erwiderte Miriam und hörte die Lüge, die schrill klang.

Hätte sie nicht fragen sollen, weshalb sie von der Presse sein solle, dachte sie und verfing sich in ihrer unerschrockenen, aber wenig durchdachten Vorgehensweise. Im Gesicht des Mannes erkannte sie zunehmend dessen Leid. Sie begann sich schlecht zu fühlen, sich zu schämen. Sie drehte sich ab und lief die Treppe hinunter. »Entschuldigen Sie. Tut mir sehr leid«, sagte sie und flüchtete von dem Gelände. Sie rannte die wenigen Meter zum Auto und stürzte hinein. »Fahr los, schnell«, befahl sie dem überraschten Klaus. Nach hinten, zum Hof hin, sah sie sich nicht mehr um.

Klaus startete den Wagen und raste davon. Als sie außer Sichtweite des Hauses waren, teilte Miriam ihrem Partner das Ergebnis ihrer Ermittlungsarbeit mit. »War keine gute Idee.«

»Ich hatte keine bessere«, erwiderte Klaus und sprach ihr zu. Es ging ihr ja nicht um Sensation, sondern um Sühne.

»Was wollen wir nun machen?«, fragte sie, als sie Königshofen verließen.

»Wir gehen zur Polizei«, antwortete Klaus und fuhr die B 290 hoch. Als er vor dem Revier in Tauberbischofsheim ankam, wünschte ihm Miriam viel Glück. »Der Kommissar schien ja nicht so glücklich gewesen, dass du auch ein Bulle ...« Sie grinste. »... bist.«

»Den Eindruck hatte ich auch. Drück mir die Daumen!«

Er ließ den Schlüssel im Zündschloss stecken und sprang aus dem Wagen. Im Gehen setzte er sich die Sonnenbrille auf den Kopf und betrat das Revier. Am Empfang bat er um ein Gespräch mit Kommissar Heid. »Ich bin ein Kollege aus Frankfurt und zufällig in der Gegend«, erklärte er.

Zu seiner Überraschung wurde er nach einem kurzen Telefonat in das Revier gelassen. »Herr Heid kommt zu Ihnen herunter«, sagte der Beamte an der Pforte.

Klaus legte sich, während er wartete, die Worte zurecht. Als der Kommissar erschien, ging er ihm entgegen und reichte ihm die Hand. Heid verzog keine Miene, sein Händedruck war umso eindrucksvoller. »Sie sind ja noch hier!«

Klaus erklärte sich. Seine Freundin sei durch das Verbrechen so aufgebracht, dass ihr Urlaub gefährdet sei. »Sie kennen das sicher: Frauen«, sagte Klaus. »Gefühle, Hormone, alles Mögliche. Ein furchtbares Gezicke, ruiniert beinahe unseren Urlaub.« Er habe ihr versprechen müssen, schwindelte Klaus weiter, etwas über das zweite Opfer in Erfahrung zu bringen. Zwei tote Frauen in zwei Tagen seien für sie einfach zu viel. »Ich konnte sie nicht bewegen weiterzureisen. Ich fürchte, der Urlaub, unser erster gemeinsamer, geht in die Hose, wenn sie nicht irgendetwas über die Frau erfährt. Sie kann das nicht wie wir als Fall betrachten.« Klaus sah mitleidserregend zu seinem Kollegen.

Heid überlegte eine Sekunde und führte Klaus dann in ein leerstehendes Zimmer. »Ich will Ihrem Urlaub und Ihrem Liebesglück ja nicht im Wege stehen«, sagte er und informierte seinen Kollegen in knappen Sätzen.

Klaus bedankte sich abschließend. »Einen schönen Resturlaub«, erwiderte Heid.

Klaus nickte und verließ das Revier. Im Auto informierte er seine Partnerin.

Miriam war begeistert. »Wie hast du das geschafft?«

»Die richtigen Knöpfe gedrückt.« Er grinste.

Miriam sah ihn beeindruckt an. »Mein Kommissar!«

Klaus zwinkerte ihr zu und startete den Wagen. »Lass uns weiter ermitteln. Ein weiteres Mal werde ich hier nicht mehr nachfragen können.«

»Was ist der nächste Schritt?«

»Was würdest du mit dieser Erkenntnis tun?«

Sie überlegte kurz. »Diesen treulosen Ehemann unter die Lupe nehmen!«

»Genau das werden wir tun.« Klaus fuhr aus der Stadt hinaus in ihr Hotel. Miriam fragte nicht weiter nach. Sie hatte das Gefühl, von ihm und ihren gemeinsamen Ermittlungen getragen zu werden. Ihr war klar, dass ihr Freund genau wusste, was er tat. Er bat sie Wasser aus ihrem Zimmer zu holen und fragte an der Rezeption nach zwei E-Bikes. Für eine Tour entlang des Rad-Achters. Er betonte dies, um keine Nachfragen, keine Hinweise und Tipps zu erhalten.

Sie erhielten umgehend die Räder und auch Helme, die Klaus im Gegensatz zu Miriam gerne entgegennahm. Um nicht erkannt zu werden, wie er ihr mitteilte, nachdem sie losgefahren waren. Sie folgten der Beschilderung der ersten Etappe des Rad-Achters von Lauda nach Königshofen. Klaus sah im Prospekt nach und war kurz verwirrt, ob Ostring oder Westring. Er entdeckte für seinen Weg jedoch keinen Unterschied und fuhr los und bog dann nach Marbach ab. Als sie die ausgeschilderte Strecke verließen, fragte Miriam nach. »Wohin fahren wir?«

»Zum Winzer Vögtlin. Wir stellen uns wieder als Urlauber dar.«

»Sind wir ja auch«, erwiderte Miriam und fuhr weiter neben Klaus her. Als sie sich dem Weingut näherten, schüttelte Miriam den Kopf. »Jetzt weiß ich, weswegen es in diesem Landkreis die niedrigste Scheidungsrate in Baden-Württemberg gibt. Die gehen alle fremd!«

Klaus lachte auf und stieg vom Rad. Sie waren auf einer Anhöhe angekommen und blickten auf das kleine Weingut und steile Südhänge. Auf dem Hof standen ein Traktor, ein dunkler Mercedes und ein Jeep. Klaus griff nach den Wasserflaschen, reichte Miriam eine, und beide tranken, den Hof im Blick. Nach einer Weile erschien die Ehefrau. Klaus und Miriam erkannten sie von der Tauberschwarz-Weinprobe.

»Sie hätte ein Motiv«, flüsterte Miriam.

»Hat aber ein Alibi. Für beide Taten.«

»Gut, dass du bei der Polizei nachgeforscht hast.«

Die Frau stieg in den Mercedes und fuhr davon. Kurze Zeit später erschien David Vögtlin.

»Dem hat es nicht nur der Tauberschwarz angetan, sondern attraktive Frauen«, meinte Miriam.

»Er hat für beide Morde, wir gehen jetzt einmal von Mord aus, kein Alibi. Er will alleine im Weinkeller gewesen sein.«

»Hatte mit beiden Frauen ein Verhältnis.« Miriam fotografierte den Mann auf dem Hof und zoomte ihn heran.

»Zu weit weg.« Sie sah zu Klaus, der an seinem E-Bike lehnte.

»Ob die Affären ihm über den Kopf gewachsen sind?«

Klaus zuckte mit den Schultern. Dann blickte er zu dem Weg, der zum Weingut führte. Ein Kleinwagen raste zum Hof und parkte auf dem Gelände. Vögtlin ging zu dem Auto hinüber, dem eine Frau um die fünfzig entstieg.

»Die nächste Geliebte?«, fragte Miriam.

»Wirkt aus der Ferne etwas älter, soweit man das beurteilen kann. Würde nicht ins Schema passen.« Er fotografierte und vergrößerte auch das Bild auf seinem Smarthphone.

»Wer ist die Frau?«, fragte Miriam.

»Cherchez la femme! Such die Frau hinter einem schlau ausgeführten Verbrechen.«

»Ist sie der Schlüssel?«

»Dem sollten wir nachgehen.«

»Wie? Wir können ja nicht einfach fragen. Wir sind nicht die Polizei.«

»Deswegen machen wir es auf unsere Art.«

Miriam drehte sich zu Klaus um und sah ihn erwartungsvoll an. »Ich sehe, du hast einen Plan.«

»Hab ich.« Er instruierte sie, und Miriam fuhr anschließend mit ihrem Rad zum Weingut. Klaus sah ihr nach, wartete eine Weile und rannte dann gebückt den Hang hinunter.

Miriam erreichte den Hof und steuerte zielgerichtet auf Vögtlin und die Frau zu, die sich angeregt unterhielten und zunächst nicht bemerkten, dass jemand auf das Gelände fuhr. Als sie die Frau mit Helm wahrnahmen, erschraken sie, glaubte Miriam zu erkennen. Sie grüßte, stieg vom Rad und erklärte sich. Sie sei mit einer größeren Gruppe unterwegs. Sie wollten hier in der Nähe ein Picknick machen. Fehle nur noch gekühlter Weißwein! Gerne würde sie ein paar Flaschen kaufen. Ob der Weinverkauf geöffnet sei?

Vögtlin sah von ihr weg zu seiner Gesprächspartnerin und blickte dann wieder zu Miriam. »Kenne ich Sie nicht? Waren Sie nicht schon einmal hier?«

Scheurebe   *Schwarzriesling*

»Hier Urlaub zu machen, ohne Ihr Weingut aufzusuchen, käme einem Verbrechen gleich«, erwiderte Miriam und versuchte in den Gesichtern der beiden eine Reaktion auf ihre spontane Äußerung zu finden. Dass ihr das mit dem Verbrechen spontan eingefallen war, machte sie mächtig stolz. Sie blickte zwischen beiden hin und her, konnte jedoch keine für sie bedeutsame Reaktion erkennen. Sie spürte jedoch, dass sie die beiden bei einem intensiven Austausch gestört hatte.

Die Frau erklärte, gehen zu müssen und verabschiedete sich von Vögtlin. »Wiedersehen.«

Miriam vernahm, dass sie nicht wusste, ob sie den Winzer duzen oder siezen sollte. »Wiedersehen« klang für sie nicht echt. Als sich die Frau wegdrehte, hob Miriam die Hand. »Ich wollte Sie nicht stören, ich bin auch gleich fertig, ich will nur etwas Wein. Kommen Sie doch einfach mit in den Verkauf. Welchen Weißwein trinken Sie? Empfehlen Sie mir etwas.«

Die Frau zögerte.

»Was ist Ihr Lieblingswein? Wir sind doch ungefähr im gleichen Alter. So wie ich Sie spontan einschätze, könnten wir den gleichen Geschmack haben. Helfen Sie mir. Einem Winzer kann man ja nicht immer vertrauen.«

Miriam war über den letzten Satz erstaunt. Er war aus der Situation heraus entstanden, die sie bestimmte. Miriam sah, dass der Satz auf den Gesichtern des Winzers und der ihr unbekannten Frau eine Reaktion hervorgerufen hatte. Sahen die beiden sich überführt an? Hatte das Wort »vertrauen« die richtigen Schalter berührt? Miriam war erneut stolz auf ihre Ermittlungsarbeit und ließ der Frau keine Zeit, sich aus der Situation zu befreien. Sie nutzte den Augenblick der Irritation und drängte die Frau mit dem Winzer in den Verkaufsraum des Weinguts. »Wenn es geht, würde ich auch gerne verschiedene Weine probieren«, sagte sie dabei, überzeugt, dass diese Aussage, die mit Zeit verbunden war, nicht den Rückzug der Frau bedeuten würde. Die Frau wirkte auf Miriam unsicher, unschlüssig und auf eine spezielle Art ängstlich.

Klaus beobachtete, wie Miriam die beiden vom Hof führte. Er stand hinter einer Hecke, die über einen Zaun hinauswuchs, und hatte die letzten Sätze Miriams gehört. Was für eine Frau, dachte er und schlich über den Hof zu dem Wagen des weiblichen Besuches von Vögtlin. Gebückt und vom Weingut aus nicht zu sehen, öffnete er leise die Fahrertür. Sie war nicht abgeschlossen. Das hatte er vermutet. Auf dem Beifahrersitz lag die Handtasche. Das hatte er ebenfalls vermutet. Die Frau war schnell aus dem Auto gesprungen und so vertraut dem Winzer entgegengetreten.

Klaus öffnete die Tür so weit, dass er sich in den Wagen beugen konnte. Er streckte seinen rechten Arm aus, griff in die Handtasche und kramte nach der Geldbörse. Als er etwas in den Händen hielt, das seiner Vorstellung eines Portemonnaies einer Frau entsprach, fingerte er es heraus. Er kniete neben dem Auto und durchsuchte die Geldbörse nach Papieren. Er achtete nicht auf den Eingang des Verkaufsraums. Er war sich Miriams Sache sicher, ihr Zeitplan stimmte und wenn etwas schief ginge, würde sie sich bemerkbar machen. Die Auffahrt zum Gelände hielt er aber im Blick. Nach kurzer Zeit entdeckte er den Personalausweis der Frau. Das Foto war noch nicht allzu alt. Attraktiv, sagte er sich und las leise den Namen: Diana Förster. Er merkte sich Geburtsdatum und Wohnort und legte den Ausweis zurück in das Portemonnaie. Die Handtasche legte er dann wieder auf den Beifahrersitz und schlich, die Fahrertür behutsam schließend, vom Hof. Er erreichte die schützende Hecke in dem Augenblick, in dem die Frau – Diana wie er nun wusste – aus dem Weingut trat. Miriam folgte ihr und bedankte sich laut für ihre Hilfe. »Sie waren mir eine große Hilfe. Der Wein ist wirklich gut.«

»Ich muss nun aber wirklich gehen«, sagte Diana, während Miriam besorgt zu ihrem Auto hinüber sah. Als ihr klar wurde, dass Klaus bereits verschwunden war, atmete sie erleichtert auf und erklärte ebenfalls, gehen zu müssen. Diana Förster war da bereits in ihr Auto gestiegen. Miriam ging zurück in den Verkaufsraum, bezahlte den Wein und packte ihn anschließend in die Gepäcktasche des Fahrrades. Vögtlin half ihr, immer wieder zu dem wegfahrenden Auto seines Besuches blickend.

Miriam bedankte sich für die Umstände, schaltete den Turbo-Gang des E-Bikes an und fuhr auf die Anhöhe, auf der Klaus sie bereits erwartete. »Diana Förster, wohnt in Messelhausen«, sagte er. »Ist nicht weit von hier.«

»Wirkte unsicher, ängstlich, in Panik sogar«, erwiderte Miriam. »Das war spürbar. Sie hat es bei der Weinprobe kaum noch ausgehalten. Irgendetwas belastet sie.«

»Dann legen wir nach. Sie wird überrascht sein, dich

wieder zu treffen. Wir müssen sie dazu bringen, uns zu sagen, was sie belastet. Wir müssen sie zumindest zu einer Handlung zwingen. Man muss manchmal auch Reaktionen provozieren. Man kann nicht nur nachermitteln.«

»Sie ist älter als die beiden Opfer.«

»Wenn sie die dritte Geliebte wäre und ihn als Täter verdächtigen würde, wäre sie wohl nicht zu ihm gegangen.«

»Sie schienen vertraut«, erwiderte Miriam.

Klaus dachte darüber nach. Dann reichte er Miriam die Wasserflasche. »Du hast den Wein wohl nicht ausgespuckt.«

Sie fuhren nach Messelhausen und fanden auf Anhieb die Adresse aus dem Personalausweis.

Das Haus an der Hauptstraße war riesig. »Ein Anwesen«, sagte Miriam. »Landwirtschaft«, erwiderte Klaus. Sie stellten ihre Räder ab und näherten sich dem Hof, auf dem der Wagen der Frau stand. Beim Vorbeigehen fasste Klaus auf die Motorhaube.

»Das ist der Wagen«, erwiderte Miriam auf die instinktive Ermittlungstätigkeit ihres Kommissars.

»Ich weiß, das Kennzeichen stimmt. Automatische Handbewegung«, grinste Klaus.

»Wie gehen wir vor?«

»Wie es sich ergibt. Nicht nur beim Wein entscheidet das Bauchgefühl.«

Sie gingen ein paar Schritte auf das offen stehende Wirtschaftsgebäude zu und blieben stehen. Klaus dachte, sie würden gesehen werden und jemand würde kommen. Nun überlegte er, an der Haustür zu klingeln.

»Kann ich Ihnen helfen?«, hörten sie eine weibliche Stimme aus der riesigen Scheune rufen.

Miriam erkannte die Stimme. Sie blickte zu Klaus und nickte ihm zu. Daraufhin gestikulierte er mit einem Kopfnicken, sie solle initiativ werden.

»Guten Tag, Frau Förster«, sagte Miriam.

Diana schritt bestimmt zu den beiden auf den Hof. Als sie Miriam entdeckte und erkannte und ihren eigenen Namen vernahm, hielt sie inne. Erschrocken beinahe, wie Miriam und Klaus bemerkten.

»Sie sind doch vorhin auf dem Weingut ...« Sie zögerte kurz, den Namen auszusprechen. » ... Vögtlin gewesen!?«

»Ja, bin ich.«

»Woher kennen Sie meinen Namen? Ich hatte mich nicht vorgestellt und Sie erweckten nicht den Anschein, mich zu kennen.«

»Nun, wie Sie sehen, kenne ich ihn mittlerweile.« Miriam blickte zu Klaus. »Das ist ein Kommissar aus Frankfurt.«

»Aus Frankfurt?«

»Ja.«

»Muss ich das verstehen?«

»Wir haben die erste Leiche gefunden«, erwiderte Klaus. »Wir wissen, dass die getöteten Frauen, beide stranguliert und an Bildstöcken abgelegt, ein Verhältnis mit Herrn Vögtlin hatten. Was wollten Sie bei Herrn Vögtlin?«

»Ich habe Ihre Angst gespürt«, fügte Miriam hinzu.

»Haben Sie auch ein Verhältnis mit dem Winzer?« Miriam wollte nachlegen, doch Klaus fasste sie am Arm. Gib ihr Zeit für eine Reaktion, sagte er seiner Partnerin mit einem Blick.

»Ich habe Ihre Angst gespürt«, wiederholte Miriam und sah auffordernd zu der Frau.

Diana überlegte. Sie drehte sich kurz um, um in das Wirtschaftsgebäude zu blicken, und sah dann zu Klaus. »Kommissar aus Frankfurt?«

Während Klaus verhalten nickte, antwortete Miriam mit einem kräftigen »Ja«.

Diana blickte zwischen beiden hin und her und erklärte

kühl: »Dann ist das hier nicht Ihr Zuständigkeitsbereich. Bitte verlassen Sie mein Grundstück.«

»Sie haben Angst. Sie verbergen etwas, das fühle ich«, erwiderte Miriam.

»Ich habe Sie nicht gebeten, sich um mich zu sorgen.«

»Wovor haben Sie Angst? Was wollten Sie bei Vögtlin? Haben Sie ein Verhältnis mit ihm?« Miriam wollte eine Reaktion erzwingen.

Diana betrachtete sie kühl. Klaus beobachtete die Auseinandersetzung der beiden Frauen eine Weile und mischte sich dann ein. Er reichte Diana seine Visitenkarte. »Für alle Fälle. Wir sind hier in Urlaub.« Er machte eine kurze Pause. »Wir werden nun zur Polizei gehen und unsere Beobachtung mitteilen. Dem Hinweis eines Kommissars aus Frankfurt, zwar in Urlaub hier, wird man nachgehen. Ich bin überzeugt, dass Ihr Auftauchen bei dem Winzer etwas mit den Tötungsdelikten zu tun hat. Und die Zuständigkeit der hiesigen Polizei werden Sie wohl nicht anzweifeln.«

»Wir geben Ihnen genau eine Stunde. Dann informieren wir die Polizei«, erwiderte Miriam.

Klaus – wie auch Diana Förster – zeigte sich überrascht von dem strengen Ton und dem knappen Ultimatum von Miriam.

»Eine Stunde«, wiederholte die Buchhändlerin aus Frankfurt und forderte ihren Kommissar-Freund zum Gehen auf.

Fortsetzung auf Seite 112

Das Rebgut Lauda

Das Rebgut, damals wie heute so genannt, kann auf eine lange Geschichte zurückblicken und korrespondiert mit verschiedenen Namen und einem ehemals namenlosen Wein. An erster Stelle seien die Menschen genannt: Josef Schmitt, Heinrich Vetter, Werner und Silvia Vögtlin sowie Gunther und Manuela Wobser und Karlheinz Sack.

Das Haus in der Rebgutstraße in Lauda sah noch weitere prägende Persönlichkeiten. Von 1940 bis 1979 wurde es von insgesamt sechs Rebgutverwaltern geführt. Weinbauinspektor Erwin Brunner folgten die Landwirtschaftsräte Kaufmann und Bruns. Anschließend kehrten als Verwalter ein: Weinbaufachmann Franz Rebafka, Regierungsamtsmann Karl Dietrich und Paul Schauber.

Die Gründung als Außenstelle der Staatlichen Lehr- und Versuchsanstalt für Wein- und Obstbau Weinsberg, die älteste deutsche Wein- und Obstbauschule und 1868 als Königliche Weinbauschule gebaut, ist dem damaligen badischen Staatspräsidenten Josef Schmitt zu verdanken. Schmitt, 1874 in Lauda geboren und 1939 dort gestorben, hatte in der Zeit der Weimarer Republik das Amt des Staatspräsidenten der Republik Baden in zwei Amtsperioden inne. Von 1928 bis 1930 und von 1931 bis März 1933, bis die Nationalsozialisten die Macht übernommen haben. Schmitt ist der letzte badische Staatspräsident.

In dieser Funktion setzte er sich für das Rebgut als Staatliches Versuchsweingut ein. Das Taubertal war bekanntlich Anfang des 19. Jahrhunderts mit rund 8.000 Hektar das größte zusammenhängende Weinbaugebiet in Deutschland. Einige hundert Jahre später war die Rebfläche auf rund 500 Hektar geschrumpft. Um diesem negativen Trend entgegenzuwirken, ist das Weinversuchsgut am Altenberg ins Leben gerufen und am 10. Juli 1930 in Gegenwart des badischen Staatspräsidenten Schmitt eingeweiht worden. Es umfasste 4,6 Hektar Rebfläche.

Von 1930 bis 1994 war das Rebgut als Staatliches Weinversuchsgut geführt worden. Mann der ersten Stunde war Heinrich Vetter, der das Haus bis 1940 leitete und dann selbst ein Weingut im später eingemeindeten Nachbarort Beckstein gründete. Aus diesem ging das Weingut Benz hervor.

Mit dem Wirken von Weinbaumeister Werner Vögtlin, der 1979 in der Zeit heftiger Spätfröste Verwalter wurde, ist die Wiederbelebung des ehemals namenlosen Weines verbunden. Bereits um 1560 soll er angepflanzt worden sein. Vögtlin kann durchaus als Ziehvater des Tauberschwarz bezeichnet werden.

Das Ehepaar Vögtlin pachtete 1994 das Rebgut und betrieb es in Eigenregie als Weingut. Sechs Hektar in Lauda und ein Hektar in Königshofen bewirtschaftete das Weingut. In der Zeit Vögtlins wurde intensiv Weinbau betrieben und der Wein direkt vermarktet. Das Weingut Vögtlin war auch Ausbildungsbetrieb und bildete in der Zeit von 1994 bis 2002 achtzehn Auszubildende aus.

Aufgrund des frühen Todes von Werner Vögtlin im August 2002 übergab Silvia Vögtlin die Geschäfte im Januar 2003 an die Weingut Lauda GmbH & Co. KG. 2008 ging die Gesellschaft in die Insolvenz. Die Gebäude standen leer. Die Rebflächen wurden im Auftrag des Landes Baden-Württemberg von dem Weingut Johann August Sack kommissarisch bewirtschaftet.

Der alte Glanz des denkmalgeschützten Hauses an der Rebgutstraße verfiel jedoch. In der Zeit des letzten Pächters wurde den Winter über nicht mehr geheizt, da kein Geld für Heizöl vorhanden war.

Im Juli 2007 wurde das Gebäude mit rund sechs Hektar Rebfläche vom Land zum Verkauf angeboten – 77 Jahre nach der Eröffnung. Bei dem Winzer Karlheinz Sack und dem Unternehmer Gunther Wobser aus Lauda keimte daraufhin die Idee, das Rebgut wiederzubeleben. Die Verhandlungen mit dem Eigentümer stellten sich jedoch als schwierig heraus, da sich das Land Baden-Württemberg hinsichtlich des Kaufpreises zunächst nicht bewegen wollte. Die Stadt Lauda-Königshofen unterstützte schließlich die Verhandlungen, und der Verkauf wurde im März 2010, achtzig Jahre nach der Einweihung, notariell besiegelt.

Karlheinz Sack kaufte die Rebflächen, und Gunther und Manuela Wobser erwarben das Gebäude mit angrenzender Rebfläche. Manuela Wobser leitet als Geschäftsführerin die Weinherberge.

Schmecken den Gästen die kredenzten Weine, so können sie aus dem Gutsladen, der Schatzkammer des Rebguts, gleich mitgenommen werden.

Die dem früheren Versuchsweingut eigene Rebfläche von achtzehn Ar unterteilt sich ungefähr zur Hälfte in Riesling und Hölder. Diese Rebsorte ist auch mit dem Rebgut verbunden. Wurde sie doch an der Staatlichen Lehr- und Versuchsanstalt in Weinsberg durch August Herold aus den Sorten Riesling und Ruländer geschaffen. Seit 1987 besitzt Hölder Sortenschutz.

Im Jahr 2007 betrug seine Rebfläche nur noch sechs Hektar, 2001 lag sie noch bei zwölf. »Wir schätzen, dass heute nur noch drei Hektar bewirtschaftet werden«, sagt Rebgut-Sommelier Christian Rudert.

Historische Weinlese

Das Rebgut am Altenberg

Tauberschwarz

Der im Taubertal gefürchtete Winterfrost kann als Geburtshelfer des Tauberschwarz angesehen werden. Die Wiederbelebung dieser alten Rebsorte, die nicht nur aufgrund des Namens untrennbar mit dem Taubertal verwurzelt ist, ereignete sich nach einem brutalen Winterfrost 1978/79.

Es war eine Zeit heftiger Spätfröste, die Zeit Ende der 1970er-Jahre. Eiszeit.

Die setzte allen Reben in der Region zu.

Allen?

Nein!

Eine kleine, Jahrhunderte alte, vergessene Rebe – könnte man in Anlehnung an ein gallisches Dorf sagen – hörte nicht auf dem Eindringling, sprich Frost, Widerstand zu leisten.

In Ebertsbronn, einem kleinen Dorf, einem Weiler rund dreißig Kilometer südlich von Lauda-Königshofen, überlebte in einem privat genutzten Weinberg der Tauberschwarz auf rund fünfzehn Ar.

Heute, nach der – wintermärchenhaften? – Entdeckung und Reanimation wird die autochthone Rebsorte auf rund fünfzehn Hektar angebaut. Von einer autochthonen Rebsorte spricht man, wenn sie dort, wo sie wächst ihren Ursprung hat.

Im 16. Jahrhundert soll die damals namenlose Rebsorte im gemischten Satz mit anderen einfachen Weinen angebaut und gekeltert worden sein. Erwähnt wurde die Rebe erstmalig in einem Dekret des Hochstifts Würzburg aus dem Jahr 1726 während der Regentschaft des Grafen Carl-Ludwig von Hohenlohe zu Weikersheim, einem Förderer des Weinbaus. Da wurde die Rebe laut Slow Food »Tauber schwarze Weinbergsfexer« genannt. Die Bezeichnung »Tauberschwarz« findet sich in den Jahren 1757 und 1768 in der Nürnberger Zeitschrift »Fränkische Sammlungen von

Anmerkungen aus der Naturlehre«.

Die Rebsorte ist auch unter anderen Namen bekannt: Blaue Frankentraube, Blauer Hängling, Grobrot und Süßrot. In Tschechien heißt sie Karmazyn und in Kroatien Viesanka.

Der Ursprungsname war wie die gesamte Rebe eine Ewigkeit vergessen. Durch die Rebflurumlegungen in den 1950er-Jahren waren die Anlagen im Mischsatz gerodet worden, und die Rebsorte verschwand bis auf wenige Stöcke. Mitte des 20. Jahrhunderts stand der Tauberschwarz nur noch im Vorbachtal bei Laudenbach und im Taubertal bei Weikersheim. 1959 galt die Rebsorte sogar als ausgestorben.

Jahre später stieß man dann auf den allerletzten mit Tauberschwarz bestückten Weinberg in Ebertsbronn.

Dort baute die Familie Balbach den tauberschwarzen Wein für sich an und aus. Die vergessene Rebe überstand schadlos den verheerenden Winterfrost 1978/79. Diese Erkenntnis erregte die Aufmerksamkeit der Staatlichen Lehr- und Versuchsanstalt für Wein- und Obstbau Weinsberg im Landkreis Heilbronn, die mit dem Rebgut Lauda eine Außenstelle im Taubertal hatte.

Werner Vögtlin, der in dieser Zeit der Verwalter des Staatlichen Rebguts Lauda war, wurde zu dem Weinberg nach Ebertsbronn zitiert, wie sich seine Witwe Silvia Vögtlin erinnert. Mit dem Direktor der Weinbauschule Weinsberg, Gerhard Götz, sah sich Vögtlin den frostresistenten Tauberschwarz an. »Im Herbst 1979 wurden dann Rebruten geschnitten und sofort verpfropft«, erzählt Silvia Vögtlin.

Als Verwalter der Außenstelle in Lauda war Werner Vögtlin für den Prozess zuständig, Versuche wurden dokumentiert, Menge und Wachstum betrachtet, »um zu wissen, wie man später mit der Sorte umzugehen hat«, so Silvia Vögtlin beim Gespräch im Rebgut Lauda an einem winterlichen Tag im März 2016.

Die Vorzüge des Tauberschwarz: Er ist winterfrosthart, sicher im Ertrag und hat nur eine kleine Krankheit. »Er hat eine sehr dünne Beerenhaut.« Unter Beobachtung habe man das aber im Griff. Dies könne dazu führen, dass die Weinlese früher vonstattengehen müsse, wenn die Traube reif sei und Regenwetter anstehe. Die dünne Beerenhaut würde nämlich sofort aufplatzen.

Nach einer Notiz des früheren Rebgutverwalters Werner Vögtlin, dessen Name für den Tauberschwarz-Aspekt im Krimi Pate stand, aber keine Blaupause darstellt, sind alle Rotgewächse, die im Mittelalter bis Ende des 19. Jahrhunderts im tauberfränkischen Raum angebaut worden waren, der Sorte Tauberschwarz zuzuordnen.

Der damalige Direktor der Lehr- und Versuchsanstalt in Weinsberg, Gerhard Götz, nannte den Tauberschwarz einen »Wein, der der Tauber auf den Leib geschnitten ist. Ein Wein fürs Volk, für alle Tage. Reif, kräftig und nachhaltig, aber auch blumig.«

In der Beschreibung des Bundessortenamts wird als Züchter die Lehr- und Versuchsanstalt Weinsberg Referat Rebenzüchtung und Rebenveredelung genannt. In die Sortenliste eingetragen wurde der Tauberschwarz im Jahr 1994.

Die Farbe des Weines wird in der beschreibenden amtlichen Sortenliste als rubinrot bezeichnet, der Geruch duftig beschrieben und der Geschmack fruchtig, körperreich und harmonisch. Die Hautfarbe der Beere blauschwarz. Die Empfindlichkeit für Winterfrost nennt das Bundessortenamt »gering«.

Zum Tauberschwarz haben die Winzer des Weinlesebuches sehr unterschiedliche Ansichten.

Karlheinz Sack erinnerte der Wein beim ersten Mal »an einen Silcher aus der Steiermark: fast roséfarben und säuerlich«. Spontan dachte er, »die Sorte ist so gut und wäre beinahe ausgestorben«. Inzwischen hat sich seine Meinung geändert. »Für das Taubertal hat die Sorte das Potential zum Alleinstellungsmerkmal, aber der Name ist Fluch und Segen.« Segen, da der Tauberschwarz als einzige Sorte weltweit die Herkunft im Namen trage. »Fluch in der Wortsilbe schwarz, die suggeriert, dass es sich um einen tiefdunklen Rotwein handelt.« Dies sei der Tauberschwarz von Natur aus aber nicht. »Bei richtigem Ausbau begeistert der Wein mit seiner Leichtigkeit, seinem lichthellem Kirschrot und vor allem seiner Fruchtigkeit.«

Hubert Benz sieht das Alleinstellungsmerkmal äußerst positiv. »Nicht jede Region hat eine eigene Rebsorte. Da kann man schon stolz sein«, sagt Benz.

Für Stefan Strebel hat der Tauberschwarz als uralte Rebsorte eine ähnliche Tradition wie der Weinbau im Taubertal. »Mit der Rebsorte Tauberschwarz verbinden wir deshalb auch die lange Geschichte des Weinbaus hier. Sie ist das Alleinstellungsmerkmal dieser wunderschönen Landschaft rund um die Tauber. Außerdem ist es eine sehr arbeitsintensive Rebsorte und passt deshalb auch ideal in die Gegend, da hier sehr fleißige Leute leben«, sagt Strebel.

Nach Einschätzung von Slow Food tendiert der Tauberschwarz im Anbau zu einer starken Ausbildung von Geiztrieben. Die Rebe versuche sich an allen sich bietenden Pfählen und Gittern festzuklammern. Die beiden Merkmale bedeuten für den Winzer einen erheblichen Mehraufwand in der Weinbergsarbeit, um eine gute Qualität zu erreichen, so Slow Food, die den Tauberschwarz als fränkischen Passagier in ihre Arche des Geschmacks – als frühreif und einzigartig – aufnahm.

Der Sommelier des Rebguts, Christian Rudert, bezeichnet den Wein facettenreich und vielschichtig. Mal als einfacher Tischwein, dann als Langstreckenläufer im Barrique ausgebaut, »der sich selbst nach Jahrzehnten bestens präsentiert.« Rudert betont, dass der Tauberschwarz in der Vergangenheit die Lebens- und Überlebensgrundlage der meist ländlichen Bevölkerung dargestellt hat.

Für Michael Braun ist der Tauberschwarz »des Winzers Albtraum: wildwüchsig, unbezähmbar.« Viel Handarbeit sei aufzuwenden. Und nach der Arbeit sehe es rasch wieder aus wie im »Urwald«. Die Beeren seien klein. »Mit wenig Farbe, die Traubenhaut extrem dünnhäutig und damit empfindlich gegen alles was die Witterung zu bieten hat, vor allem Sonne und Regen.« Bei Regen platze die reife Traubenhaut auch gerne auf. Die Sorte sei jedoch früh reif. »Der Wein ist eher fruchtig und wenig gerbstoffreich«, so Braun. Es sei ein Rotwein, der rot sei und nicht schwarz, fruchtig und nicht »gerbstoffreich und dessen Farbe von Natur nicht ist wie er heißt«.

Mitte des 16. Jahrhunderts war jedoch die Rede von einem namenlosen »schwarzen Wein von der Tauber«. Den Namen Tauberschwarz erhielt die Rebsorte im 18. Jahrhundert. Einige Quellen nennen die Zeit um 1760 als Namensursprung, andere sehen das Jahr 1726 und Graf Carl-Ludwig von Hohenlohe zu Weikersheim als Urheber.

Die Geschichte scheint so diffus wie die Farbe.

Als Väter der Wiederbelebung werden übereinstimmend Hermann Balbach, in dessen Weinberg in Ebertsbronn die allerletzten Rebstöcke standen, sowie Werner Vögtlin und Gerhard Götz genannt. Außerdem der Markelsheimer Winzer Otto Mündlein, der mit der Bepflanzung von veredelten Rebenzüchtungen aus Weinsberg begonnen hatte und ab 1987 den Tauberschwarz testete.

Wie auch immer der ehemals namenlose Wein betrachtet wird, eines ist mit Blick auf die Historie und Teile des Inhalts dieses Buches festzustellen: Der Tauberschwarz verbindet die in Folge napoleonischer Gebietsteilung auch weinbaupolitisch vollzogene Trennung der Regionen Baden, Württemberg und Franken. Im Mai 2016, während der Entstehung dieses Buches, ist im Grenzgebiet bei Bad Mergentheim ein grenzübergreifender Schauweinberg der Weinbaugebiete Baden, Württemberg und Franken eingeweiht worden. Der Drei-Länder-Weinberg. Mit einer einzigen Rebsorte – dem Tauberschwarz.

Tatort Madonnenland

Teil V

Sie saßen »Im Rebenhof« auf der Terrasse und aßen zu Abend. Bevor sie mit ihren E-Bikes zurück ins Hotel gekommen waren, hatte sich Diana bereits gemeldet. »Ja, ich habe Angst«, stand in der SMS, aus der Miriam und Klaus schlossen, dass sie zur Polizei gegangen war. Daraufhin hatten sie ihre Ermittlungsarbeit für diesen Abend eingestellt und sich auf ein schönes Menü mit herrlicher Aussicht gefreut.

Sie beendeten gerade ihr Dessert, als Klaus seinen Kollegen Heid auf der Terrasse entdeckte. Zunächst dachte er an einen Zufall, dass der Kommissar aus Tauberbischofsheim auch hier essen ginge, doch dann sah er Heid zielstrebig wie mürrisch auf ihn zukommen.

»Herr Heid.« Klaus stand auf und reichte ihm die Hand.

»Bleiben Sie doch sitzen.« Heid drückte kräftig und sah streng zu Miriam.

Miriam war nicht sicher, wie sie den Auftritt einschätzen sollte.

»Wollen Sie sich nicht setzen?«, fragte Klaus. »Das ist ein Restaurant.« Er fürchtete eine lautstarke Auseinandersetzung und wollte den Wind aus den Segeln nehmen, selbst initiativ werden und nicht nur auf den Überfall des Kollegen reagieren.

Heid sah sich auf der gut besuchten Terrasse um und setzte sich dann auf einen der beiden freien Stühle des Vierertisches.

»Etwas zu trinken?«, fragte Klaus. »Geht auf mich.«

Heid schüttelte den Kopf. »Bin im Dienst.«

Während Klaus den Grund des Auftritts ahnte, war Miriam noch immer im Unklaren. Sie blickte zwischen den beiden Kommissaren hin und her.

Heid lehnte sich zurück und verschränkte die Arme. »Ich habe Sie über den Fall informiert, um Ihren Urlaub zu retten. Es hörte sich ja wie eine Notlage an. Furchtbares Gezicke, ruiniert beinahe unseren Urlaub.« Er blickte zu Miriam, die noch immer nicht den Grund des Auftritts begriff. Sie sah fragend zu Klaus, der kühl zu bleiben versuchte, als wollte er einen Lügendetektortest bestehen.

»Ich habe Ihnen mehr mitgeteilt, als Sie gefragt hatten. Unter Kollegen. Und was machen Sie? Sie machen keinen Urlaub, reisen nicht weiter, sondern ermitteln hier auf eigene Faust!«

Klaus zögerte zu antworten. Er hatte sich definitiv nicht fair gegenüber dem Kollegen verhalten und wollte nicht weiter Öl ins Feuer gießen, in dem er etwas Falsches oder Unbedachtes sagte. Er war in der Defensive und konnte sich nicht mit einem Angriff verteidigen, das war ihm klar. Die erste Runde musste er einstecken. Er suchte nach den richtigen Worten und entschuldigte sich dann. »Es tut mir leid. Wir kamen zufällig mit dem E-Bike vorbei und sahen die Frau auf dem Hof des Winzers. Daraufhin informierten wir uns über sie. Wir konnten ja nicht einfach zur Polizei gehen. Wir hatten nur einen Verdacht und gingen ihm nach. Herr Heid, wir wissen beide, die meisten Fälle würden ohne Mithilfe der Bevölkerung, von Zeugen, die etwas wahrnehmen, einen Verdacht schöpfen und dies melden, nicht gelöst werden.«

Der Kommissar nickte. »Okay. Sie waren mit dem Fahrrad unterwegs. Habe ich mitbekommen. Aber hören Sie nun auf, den Kommissar aus Frankfurt zu spielen. Wir lösen hier selbst unsere Fälle. Ich habe Sie, wie Sie sehen, problemlos gefunden. Wir haben unsere Quellen.« Er machte eine kurze Pause. »Sie wissen, dass wir nach einem Verbrechen leider auch unzähligen und wichtigtuerischen Hinweisen folgen müssen, die Zeit und Personal beanspruchen. Manche Verbrechen werden dadurch nicht oder sehr spät gelöst.«

Miriam sah weiter zwischen beiden hin und her, noch immer nicht begreifend, worum es ging.

»Ich denke nicht, dass unser Hinweis wichtigtuerisch ist. Als unbedeutend schätze ich ihn auch nicht ein.«

»Überlassen Sie uns die Ermittlungen. Haben Sie einfach einen schönen Urlaub hier. In Frankfurt dürfte genug Arbeit auf Sie warten.« Er sah zu Miriam. »Gefällt es Ihnen hier, Urlaub zu machen?«

Miriam war über die Frage so überrascht, dass sie nicht gleich antworten konnte. Klaus wollte die Urlaubsthematik nicht vertiefen und lenkte das Gespräch in eine andere Richtung. »Wir haben die Frau zu Ihnen gebracht und Sie an Ihrem Feierabend zu uns. Sie sind doch nicht mehr im Dienst. Hat die Vernehmung von Frau Förster so lange gedauert?«

Heid fixierte Klaus. »Ich will Ihrem Liebesglück ja nicht im Wege stehen. Und wenn ich es Ihnen nicht sage, besteht die Gefahr, dass Sie mir dazwischen funken.« Er wandte sich an Miriam. »Sind Sie wirklich der Motor? Machen Sie es dem Kollegen so schwer, Urlaub zu machen?«

Während Miriam, noch immer mit fragendem Blick, nach Worten suchte, teilte Heid knappe Informationen mit und verabschiedete sich dann. »Ich hoffe, Sie ist es wert«, sagte er beim Weggehen zu Klaus.

Miriam sah ihm nach, während sich Klaus in den Stuhl drückte und durchatmete. Als er den Kellner sah, bestellte er einen Obstbrand.

»Was war denn das?«, fragte Miriam. »Was sollte das mit dem Gezicke und Urlaub ruiniert? Was hast du dem denn gesagt? Waren das die richtigen Knöpfe?«

»Ja.« Er grinste.

Miriam lachte auf und boxte ihm auf die Schulter.

»Das mit dem Bruder von Vögtlin habe ich nicht ganz

verstanden.«

»Der soll in Neuseeland leben und nun hier sein. Sie will ihn gesehen haben.«

»Und deswegen hat sie Angst?«

»Hmmh.«

»Verstehe ich nicht.«

»Die Polizei wird dem nachgehen. Das wird sich schnell klären, ob der hier weilt. Und wenn, wäre das kein Verbrechen.«

»Scheint irgendetwas mit der Familie zu sein.«

»Wir haben vielleicht einen Stein ins Rollen gebracht«, sagte Klaus und trank einen Schluck des gerade servierten Digestifs. »Mehr sollten wir nun wirklich nicht tun.«

»Bekommst du Ärger?«

»Noch nicht.«

»Wir bleiben aber?«

»Natürlich. Was will man mehr? Sieh dich hier um. Und wir haben uns.«

Oberes Tor in Lauda

Sie berührte seine Hand. »Morgen will ich mich über Bildstöcke informieren. Es muss doch jemanden geben, der sich damit auskennt.«

»Privat oder für den Fall?«, fragte Klaus.

»Ist das noch zu unterscheiden?« Sie lächelte und verlangte die Rechnung.

Nach ihrer dritten Nacht vor Ort fragten sie in der Tourist-Information im Rathaus am Marktplatz in Lauda nach einem Kenner der

Bildstöcke im Madonnenländle.

Sie hatten überlegt, erneut mit den Rädern zu fahren, die Miete des Cabrios ließ sie jedoch den Wagen nehmen. Außerdem waren sie schneller unterwegs, argumentierte Miriam.

Sie erhielten einen Namen. Der Künstler und Steinmetz sei Rentner und erzähle sicher gerne über seine Arbeit und die vielen Bildstöcke hier, wurde den Touristen mitgeteilt.

Sie fuhren zu der Adresse nach Sachsenflur am Ausgang des Umpfertales und fanden das kleine Haus mit Atelier auf Anhieb. Im Garten standen und lagen Bildstöcke. Miriam hatte das Gefühl, an der richtigen Stelle zu sein.

Klaus mahnte jedoch: »Beruf und Privatleben sollte man schon trennen können. Ich konnte es lange nicht, und ich will nicht mehr, dass personifizierte Kriminalität meine Ehe, mein Privatleben, ruiniert. Du weißt gar nicht, wie stark Verbrechen in andere Leben wirken. Mit dem Ergreifen und der Verurteilung der Täter ist das nie vorbei.«

»Sollen wir es lassen?«

»Nein. Ich wollte es nur noch einmal ansprechen. Und wer sagt, dass wir hier etwas erfahren. Lernen wir den Künstler kennen. Die auf dem Rathaus haben ja ganz schön geschwärmt.«

Er klingelte an der Tür.

»Es ist offen«, rief eine männliche Stimme.

Miriam gestikulierte »interessant« und öffnete die Tür. Am anderen Ende des Raumes, der als Werkstatt diente mit Werkzeugen und Masken und Madonnenbildnissen an den Wänden, stand ein grauhaariger, bärtiger Mann über siebzig.

»Jesus Maria!«, brummte der Künstler und Steinmetz.

Nichts anderes stellte er für Miriam und Klaus dar. Er trug ein kariertes Hemd und helle Hosen; seine Finger, das konnten die beiden aus der Entfernung und trotz des diffusen Lichts, das durch die kleinen Fenster in die Werkstatt fiel, erkennen, waren rau und schwarz vom Arbeiten mit den Händen.

»Jesus Maria«, wiederholte er. »Ein heiliges Paar!«

Miriam und Klaus sahen sich irritiert an.

»Das Sonnenlicht, das von hinten auf Ihre Haare fällt, gleicht einem Heiligenschein.« Der Rentner kam auf sie zu. »Walter Konradi.«

Miriam stellte sich und Klaus vor.

»Soll ich Sie modellieren? In einen Bildstock verwandeln? Das hat hier im Madonnenländle noch immer Tradition.«

Miriam winkte mit einem charmanten Lächeln ab und fragte nach der Tradition. Konradi berichtete ausführlich über Bildstöcke und Madonnen im Taubertal, über ihre Entstehungen und ihre großzügigen Stifter. Die Figuren stellten nicht nur Heilige dar, sie seien heilig.

»Ich weiß«, erwiderte Miriam. »Im Zweiten Weltkrieg wurden fast alle Tauberbrücken zerstört, die Figuren, die zwar ins Wasser fielen, blieben unberührt.«

Konradi war beeindruckt und berichtete weiter über die Hintergründe der Sühnekreuze. »Ein Bildstock war auch Teil der Sühne bei Totschlag im Affekt. Die Familien des Erschlagenen und des Totschlägers stellten gemeinsam Bedingungen auf, die der Totschläger als Sühne zu erfüllen hatte. Unter anderem das Setzen eines steinernen Kreuzes.«

Miriam fragte nach den Bildstöcken, an denen die beiden Frauenleichen abgelegt wurden.

»Das sind meines Wissen keine Sühnekreuze. Ich denke, das ist Zufall, das macht keinen Sinn. Sie interessieren sich für den Fall?«

»Wir machen hier Urlaub und haben natürlich von den Morden gelesen.«

»Mord konnte mit einem steinernen Kreuz nicht gesühnt werden. Mord war Sache des Zehntgerichts.«

»Könnte aber auch eine Tat im Affekt gewesen sein«, erwiderte Miriam. »Und deswegen wurden die Leichen an den Bildstöcken abgelegt.«

»Die ausgewählten Bildstöcke haben keinen Bezug zu Sühnekreuzen«, antwortete Konradi.

Klaus mischte sich ein: »Ich denke, es war keine Affekttat. Die Opfer wurden erwürgt, das dauert. Nachdem das Opfer das Bewusstsein verloren hat, muss man noch eine Weile den Hals eines wehr- und regungslosen Menschen zudrücken. Das ist schwer mit Affekt in Einklang zu bringen, auch wenn viele Strafkammern dazu neigen.«

»Sie kennen sich aus.« Konradi nickte brummend.

»Wir mögen Krimis«, erklärte Miriam.

»Dann machen Sie ja gerade an der richtigen Stelle Urlaub. Weswegen sind Sie nun hier?«

Während Miriam nach Worten suchte, kam Klaus aus der Deckung.

»Ein Kommissar aus Frankfurt«, erwiderte Konradi. »Dann sind Sie in diesem Fall nicht zuständig.«

»Exakt.«

»Ich helfe Ihnen aber gerne weiter, wenn ich kann. Die ausgewählten Bildstöcke deuten wie gesagt nicht auf Mord oder Totschlag hin.«

Sie unterhielten sich angeregt und im Lauf des Gesprächs holte Konradi eine Flasche Wein und drei Gläser. Nachdem er die Hälfte davon alleine ausgetrunken hatte, berichtete er über seine Arbeit, das Restaurieren vieler Bildstöcke in der Region und sein Renommee. Gerade habe er einen Auftrag erhalten.

Miriam und Klaus fragten gleichzeitig nach.

»Hat nichts mit Mord und Totschlag zu tun«, erwiderte Konradi und zeigte den beiden die bereits begonnene Arbeit.

»Eine Pietà«, sagte Miriam.

»Genau.«

»Wer ist der Auftraggeber? Die Buchlers gibt es ja nicht mehr hier als großzügige Stifter.«

»Ich kenne den Auftraggeber nicht. Vor wenigen Tagen lag ein dickes Kuvert vor der Tür mit dem Auftrag und fünftausend Euro in Scheinen. Die Summe erhalte ich noch einmal bei Fertigstellung.«

»Wann soll der Bildstock fertig sein?«

»In einer Woche.«

»Haben Sie das Anschreiben noch?«

»Natürlich. Aber es ist ohne Namen und mit Computer geschrieben.«

Er holte den Brief und das Kuvert, als das Handy von Klaus klingelte. Klaus sah nach dem Anrufer, erkannte ihn, erinnerte sich an die letzte Nachricht, »Ja, ich habe Angst«, und nahm das Gespräch in der Werkstatt an. »Frau Förster!«

Sie berichtete aufgeregt. Klaus hörte zu, während Miriam zu Konradi ging, der mit Brief und Kuvert zurückkam. Miriam gab ihm ihre Handynummern. »Falls er sich meldet. Wie soll die Übergabe stattfinden?«

»Keine Ahnung. Ich bin Künstler und erstmal mit der Arbeit beschäftigt. Ist sie nicht schön, die Schmerzensmutter!?«

Miriam nickte. Als Klaus sein Telefonat beendete, signalisierte sie ihm, alles geklärt zu haben. Sie verabschiedeten sich und verließen das Dorf. Während der Fahrt informierte er sie über den Anruf.

Ob die hiesige Polizei sich darum kümmere oder das ernst nehme, bezweifelte sie. »Deswegen rief sie uns an.«

»Der Winzerbruder ist hier, so wie sie es gesagt hat!«

»Dass sie ihn gesehen hat, war kein Hirngespinst. Ihre Angst ist aber noch immer unverständlich. Auf meine Nachfrage ging sie nicht ein.«

»Hat sie ihn gesehen oder jemand anderes?«

»Sein Bruder. Bei dem ist er nun aufgetaucht.«

»Ist naheliegend.«

»Dennoch merkwürdig, dass er gerade jetzt quasi offiziell auftaucht. Diana will ihn ja schon vor einigen Tagen gesehen haben. Das glauben wir ihr.«

»Worauf willst du hinaus?«

»Aufgrund unserer Ermittlungen ist diese Information ja an die Polizei gelangt. Diana sagte dort aus. Das war gestern. Und heute taucht der Bruder auf. Irgendjemand könnte ihm doch gesteckt haben, dass er entdeckt – gesehen – wurde.«

»Und deswegen ist er heute auf der Bildfläche erschienen?«

»Ja!«

»Wer könnte ihm das gesteckt haben?«

»Sein Bruder, der fremdgehende Winzer, wohl nicht.«

»Warum?«

»Wäre sie sonst zu ihm gegangen, um ihm mitzuteilen, sie habe seinen Bruder gesehen. Du hast ihre Angst doch gespürt.«

»Ja, deutlich.«

»Also hat sie Vertrauen zu David Vögtlin.«

»Sie ging zur Polizei mit dieser Information, und die fragt nach.«

»Beim Bruder natürlich.«

»Und das bekommt die Ehefrau mit.«

»Genau!«

Klaus bog nach Marbach und steuerte das Weingut an. Sie parkten auf dem Hof, auf dem lediglich der Mercedes stand, und betraten den Verkaufsraum. An der Tür lehnte ein Aufsteller »Geöffnet«.

»Guten Tag.«

»Hallo! Haben Sie den Wein schon ausgetrunken?« Frau Vögtlin erkannte die beiden Urlauber.

»Nein«, antwortete Klaus. »Aber wir haben gehört, dass

Peter Vögtlin, Ihr Schwager, in der Region ist.« Während er weitersprach, musterte Miriam Frau Vögtlin und forschte nach einer Reaktion. »Soviel ich weiß, betreibt er in Neuseeland ein Weingut. Sie verzeihen, neben badischen und fränkischen Weinen interessiere ich mich auch für Weine aus ferneren Regionen. Wenn möglich, würde ich mich gerne mit ihrem Schwager austauschen. Wie Sie wissen, bin ich sehr vinophil. Eine gemeinsame Weinprobe der Brüder Vögtlin wäre doch eine tolle Sache.«

»Ich glaube nicht, dass er seine Weine mitgebracht hat.«

»Neuseeländische Weine könnte man bei einem Händler besorgen. Er ist also hier?«

Sie überlegte und suchte nach Worten. Dabei bemerkte sie, dass Miriam sie fixierte. Sie sah misstrauisch zu der passionierten Krimiliebhaberin. Die lächelte und blickte mit einem Kopfnicken zu Klaus, das ausdrückte, wir sind auf der richtigen Spur.

»Er ist also hier?«, wiederholte Klaus.

»Wohl. Ich habe ihn noch nicht gesehen.«

»Aber Ihr Mann?«

»Ja.«

»Dann ist er definitiv hier. Nicht wohl, wie Sie angedeutet haben.«

»Ich habe ihn noch nicht gesehen. Ich glaube nur, was ich gesehen habe.«

»Sie glauben Ihrem Mann nicht?«, hakte Miriam nach.

Frau Vögtlin wollte darauf antworten. Sie suchte nach Worten und schüttelte dann den Kopf. »Muss ich mich Ihnen gegenüber eigentlich rechtfertigen? Was soll das? Wenn ich meinen Schwager sehe, teile ich ihm Ihr Anliegen mit. Haben Sie mir ein Kärtchen?«

Miriam sah, dass Klaus zögerte, seine dienstliche Visitenkarte zu hinterlassen. So privat ist er also noch nicht, sagte sie sich, über den Umstand sinnierend, dass er keine private Visitenkarte besaß. Sie griff nach einem Stift und einer Preisliste, die auf dem Tresen lag, und schrieb ihre Handynummer auf. »Rufen Sie jeder Zeit an. Wir sind noch eine Weile hier.«

»Gefällt uns sehr«, erwiderte Klaus.

»Tut unserer Beziehung richtig gut«, fügte Miriam hinzu. Dann griff sie nach der Hand ihres Partners und schlenderte mit ihm auf den Hof.

Während sie im Cabrio durch die kurvige Sommerlandschaft fuhren, rätselten sie.

»Die Frau weiß genau, dass dieser Peter hier ist und wo er abgestiegen ist.«

»Weshalb sagt sie es nicht?«

»Weshalb sollte sie es? Wir sind Urlauber und nicht die Polizei.«

»Die wird es sicher wissen. Traust du dich noch einmal hin?«

Klaus überlegte. »Der Bruder wird es wissen und wahrscheinlich nun auch Diana. Sie hat Vertrauen zu uns.«

»Dann ruf sie an.«

»Vielleicht wäre es doch besser zur Polizei zu gehen.«

»Traust du dich noch einmal?«

»Unsere Erkenntnisse über diesen anonymen Bildstockauftraggeber sollten wir nicht für uns behalten«, erwiderte Klaus. »Könnte mit dem Fall zu tun haben.«

»Ist kein Sühnekreuz.«

»Könnte aber so empfunden werden. Oder es ist Teil eines Planes.«

»Oder auch nicht.«

»Das ist eben Ermittlungsarbeit! Spuren nachgehen, die ins Leere führen.«

»Gehen wir zur Polizei«, erklärte Miriam.

Klaus stoppte auf einer Anhöhe. »Mache ich telefonisch.«
Er griff zu seinem Handy und rief Kommissar Heid an.

»Sie sind immer noch hier!?«, rief dieser mit einem wüsten
Lachen, so dass es Miriam auf dem Beifahrersitz hören
konnte.

Klaus zuckte halb eingeschüchtert, halb scherzhaft mit
den Schultern und erklärte seinen Anruf. Die Information
über den Steinmetz in Sachsenflur gab er weiter. Nach einem
bräsigen Kommentar erhielt er die Auskunft, nach der er
gefragt hatte. Er bedankte sich und informierte Miriam.

»Peter Vögtlin wohnt in einem Hotel in Mergentheim.«

»Bad Mergentheim?«

»Ja. Liegt an der historisch baden-württembergischen
Grenze.«

Sie fuhren nach Süden.

»Um den Steinmetz müssen wir uns nicht mehr kümmern,
Heid nimmt die Sache ernst.«

»Jesus Maria! Der Mann war schon gruselig!«

Nach fünfzehn Minuten erreichten sie die Kurstadt und
das Hotel. Miriam hatte während der Autofahrt auf ihrem
Smartphone nach der Adresse gesucht. Außerdem forschte
sie im Internet auf Anraten von Klaus nach dem taubertäler
Winzer in Neuseeland. Das Weingut auf der Nordinsel –
Black Grape Vineyards – war mit Fotos der Mitarbeiter und
des Winzers problemlos zu finden.

Klaus parkte gegenüber dem Hotel auf der anderen
Straßenseite. Er sah sich kurz in der Umgebung um und
blickte dann auf das Foto des Winzers, das Miriam noch
aufgeblättert hatte.

»David ist attraktiver«, sagte er.

»Ein Frauenheld«, erwiderte Miriam.

»Sieht erdiger aus, der hier.« Er zeigte auf das Foto von Peter.
»Wie ein richtiger Winzer. Wie groß ist das Weingut?«

Sie blätterte auf der englischsprachigen Webseite, konnte auf Anhieb aber keine Zahl über die Rebfläche finden.

»Ist auch egal. Hier ist er also abgestiegen. Hier ist Sommer, dort Winter. Da muss der Winzer nicht unbedingt vor Ort sein.«

Beide fragten gleichzeitig: »Aber weshalb ist er hier abgestiegen?«

»Und wann?«, fügte Klaus hinzu. »Das würde mich interessieren. Seit Tagen oder erst seit Diana ihn gesehen hat.«

»Die Polizei wird das herausfinden.«

»Genau. Gehen wir spazieren.«

Sie stiegen aus und liefen in einem großen Bogen zu dem Hotel und von dort Richtung Altstadt. Nach einer Weile kam ihnen Peter Vögtlin entgegen. Sie erkannten den Winzer sofort und achteten beide darauf, sich dies nicht anmerken zu lassen. Sie gingen noch ein paar Schritte. Dann blieb Miriam stehen, um ein Selfie von ihnen zu machen. Dabei achtete sie darauf, dass der sich von ihnen wegbewegende Winzer im Hintergrund zu sehen war. Sie betrachteten das Foto und schlenderten weiter. Im dichten Straßenverkehr huschten sie über die Straße und beobachteten von der anderen Straßenseite aus Vögtlin. Sie gingen zurück zu ihrem Wagen und sahen, wie der Winzer in das Hotel ging. Sie setzten sich in ihr Auto und warteten.

Nach wenigen Minuten erschien Vögtlin. Der Fünfzigjährige trug ein anderes Hemd. Er setzte sich in das nahegelegene Café Paneria am Marktplatz und bestellte sich eine belegte Käse-Laugentasche und einen Cappuccino. Anschließend schlenderte er scheinbar ziellos umher. Miriam und Klaus überlegten auszusteigen und ihm zu folgen. Sie zögerten jedoch. Als sie sich nach einer Weile zur Fortsetzung der Observation entschlossen, kam der Winzer auf ihrer

Straßenseite auf sie zu. Sie verharrten im Auto und blickten beide, als würden sie etwas suchen, in Miriams Smartphone. Aus den Augenwinkeln beobachteten sie Vögtlin, der näher kam und sie offensichtlich im Blick hatte. Er lief an ihrem gelben Cabrio vorbei, blieb stehen, während Miriam und Klaus ihn im Rück- und Außenspiegel beobachteten, und ging dann weiter. Dann lief er über die Straße und setzte sich wieder in das Café Paneria.

»Ob er uns für Polizisten gehalten hat?«, fragte Klaus.

»Im Cabrio?« Miriam schüttelte den Kopf.

»Nee, wohl nicht.«

Sie dachten über die Situation nach, während Vögtlin ein Glas Weißwein und eine Flasche Wasser bestellte. Das erkannten beide, als die Getränke an seinen Tisch gebracht wurden.

»Dem gefällt es hier. Hat wohl nichts Besseres zu tun.«

»Merkwürdig. Ist hier zu Besuch, aus was weiß ich wie viel Kilometern Entfernung, und sitzt irgendwie gelangweilt in einem Café.«

»Genießt vielleicht die alte Heimat.«

»Auch wenn er uns nicht für Polizisten halten kann, sind wir ihm aufgefallen.«

»Sollen wir wegfahren und ihn zu Fuß beschatten?«, fragte Miriam.

»Nein.«

»Sollen wir ihn ansprechen? In ein Gespräch verwickeln? Diese Taktik hat uns doch schon etwas gebracht.«

»Nein.«

»Nein? Ist das alles, was dir einfällt?«

Er schüttelte verneinend den Kopf.

»Er beobachtet auch uns.«

»Wir sind ihm aufgefallen, klar.«

»Es scheint ihm nichts auszumachen, dass wir hier stehen.«

Es scheint ihn auch nicht zu interessieren, wer ihn beobachtet. Aber vielleicht, dass er beobachtet wird.«

»Du meinst, er will gesehen werden!«

»Möglich.«

»Weshalb?«

»Keine Ahnung. Aber er hat sich bestimmt nur deshalb noch einmal in das Café gesetzt, weil wir ihn beobachten und er das festgestellt hat. Wir haben ein Frankfurter Kennzeichen. Als Zeugen wären wir leicht ausfindig zu machen.«

»Zeugen wofür?«

»Frage ich mich auch gerade.«

»Mit einem Verbrechen kann er wohl nichts zu tun haben, wenn er hier sitzt und Kaffee und Wein schlürft.«

»Vielleicht sitzt er gerade deswegen hier?«

»Verstehe ich nicht.«

»Ich auch nicht. Das sind Gedanken. Lass sie kommen und gehen, stelle Hypothesen auf, das ist Ermittlungsarbeit.«

»Wir wissen nicht, ob er bei den beiden Morden hier saß.«

»Weshalb sollte er die begangen haben? Er dürfte kein Motiv haben. Das hat sein Bruder.«

»Und der hat kein Alibi!«

»Alibi?« Klaus dachte darüber nach. »Was der wohl jetzt gerade macht?«

»David Vögtlin?«

»Ja.«

»Glaubst du an einen dritten Mord? Schon wieder? An eine Serie?«

»Diana Förster hat Angst. Weshalb wissen wir noch nicht.«

»Glaubst du Vögtlin, David Vögtlin, hat vor, sie zu töten?«

»Nein. Das haben wir ausgeschlossen. Das glaube ich nicht.

Diana hat Angst vor dem Bruder. Der gerade hier sitzt und Wein trinkt.«

»Wirkt nicht lebensbedrohlich.«

»Eben.«

»Was meinst du damit?«

»Dass sie in Gefahr sein könnte!«

»Diana?«

»Ja.« Er startete den Wagen.

»Wo willst du hin?«

»Zum Weingut Vögtlin. Ich bin überzeugt, er hat auch jetzt kein Alibi.«

Er fuhr aus dem Parkplatz und raste davon, während Miriam zu Peter Vögtlin hinüber blickte. Der Winzer aus Neuseeland winkte gerade der Kellnerin zu.

Während der Fahrt nach Marbach klärte Klaus Miriam über seine Gedanken auf.

»Das ist ja wie bei Highsmith und Hitchcock. Ein Alibi und kein Motiv!«

»Das ist hypothetisch«, erwiderte Klaus und raste auf den Hof des Weinguts. Sie eilten zum Verkaufsraum, der bereits geschlossen war.

»Ich denke, er ist im Weinkeller.« Er blickte über den Hof. »Der Wagen der Ehefrau ist nicht da.«

Sie trennten sich und liefen über das Gelände auf der Suche nach einem Eingang zum Keller. Während Miriam zum Wohngebäude hetzte, näherte sich Klaus dem Wirtschaftsgebäude. Er drückte die Klinke der Holztür, die sich knarrend öffnete und trat in den dunklen Schuppen. Er rief den Namen des Winzers. »Herr Vögtlin? David Vögtlin? Sind Sie hier?«

Miriam klingelte ununterbrochen an der Wohnungstür und klopfte an die Tür. Sie spürte, dass sie nun definitiv ein Teil dieses Geschehens war und es aufklären, es auflösen, ein weiteres Verbrechen gar verhindern konnte. Sie polterte gegen die Tür. Als niemand öffnete, rannte sie von dem Wohngebäude weg und blickte zu den Fenstern.

Klaus ging in den Schuppen, in den durch kleine Luken Sonnenlicht fiel. Seine Schritte wirbelten Staub auf. Ein Geräusch ließ ihn neben einem Traktor innehalten. »Herr Vögtlin?«, rief er. Als er keine Antwort erhielt, drückte er sich an den riesigen Reifen und blickte zur hinteren Wand des Schuppens. Dort vermutete er einen Eingang zum Keller. Von dort glaubte er, das Geräusch vernommen zu haben. Instinktiv griff er nach seiner nicht vorhandenen Dienstwaffe, die er immer seitlich am Gürtel trug. Als er ins Leere griff, wurde ihm klar, dass er unbewaffnet war.

Wo war Miriam, fragte er sich. Er überlegte, zurück auf den Hof zu laufen, als er vom Eingang des Schuppens ein Geräusch vernahm. Dann eine Stimme: »Klaus?«

Erleichtert kam er aus dem Schutz des Reifens hervor. In dem Augenblick, als er Miriam in der Scheunentür sah, spürte er eine Hand auf seiner Schulter. Er drehte sich um und holte zu einem Schlag aus. Im Umdrehen erkannte er Vögtlin und hielt inne.

»Was soll das?« Vögtlins Überraschung schien noch größer, als er Klaus und dann auch Miriam erkannte.

»War mein Wein so schlecht, dass Sie mich überfallen wollen?!«

Klaus winkte ab und ging zwei Schritte rückwärts. Miriam schritt daraufhin zu ihm hin. Sie standen nun beide vor Vögtlin, der eine große Taschenlampe in der Hand hielt.

»Ich hörte meinen Namen rufen. In diesen Zeiten fühlt man sich nicht sicher«, sagte Vögtlin.

»Haben Sie Ihren Bruder erwartet?«

»Nein.«

»Wo ist Ihre Frau?«, fragte Miriam.

»Was wollen Sie von ihr?«

»Wo ist sie?«

»Einkaufen, wie immer um diese Zeit.«

»Wo?«

»In Würzburg. Weshalb wollen Sie das wissen? Wer sind Sie? Polizei?«

»Er«, sagte Miriam und zeigte auf ihren Partner.

»Weshalb hat Diana Förster Angst vor Ihrem Bruder?«

»Alte Geschichte, unglückliche Liebe. Bei der Beerdigung meiner Mutter vor einem Jahr will sie Hass in seinen Augen gesehen haben. Muss man nicht ernst nehmen.«

»Sie hat es ernst genommen. Haben Sie ein Verhältnis mit ihr?«

»Ist lange her. Habe ich alles der Polizei gesagt. Ich hatte ein Verhältnis mit den Getöteten, habe sie aber nicht umgebracht, auch wenn ich kein Alibi habe.«

»Wer wusste, dass sie kein Alibi haben?«

Er überlegte. »Meine Frau, die war dort ebenfalls einkaufen.«

»Wo ist Diana gerade?«

Er zuckte mit den Schultern.

»Wenn Sie es wissen, sagen Sie es.«

»Wir haben nichts mehr miteinander. Schon lange nicht mehr. Wir sind beide reifer geworden.«

»Wo ist sie in diesem Augenblick?«

Er sah auf seine Uhr. »Sie joggt, das macht sie in der Regel um diese Zeit.«

»Wo?«

»In ihrer Umgebung.«

»Genauer bitte.«

Er beschrieb das Waldstück nahe der bayrischen Grenze bei Oberbalbach. »Sie überschreitet gern Grenzen«, fügte Vögtlin hinzu.

Stadtteil Oberbalbach

»Rufen Sie sie an«, befahl Klaus und rief selbst die Polizei. Während er mit Kommissar Heid sprach, sagte Vögtlin, sie gehe nicht ans Telefon. »Was ist denn los?«

Klaus reichte ihm sein Handy und bat ihn, dem Kommissar die Joggingstrecke zu beschreiben. Als er das Telefonat beendete, fragte Klaus nach dem Weg. »Wie kommen wir dorthin?«

»Was ist denn los?«, fragte Vögtlin erneut und beschrieb den Weg.

»Was liegt zwischen Ihnen und Ihrem Bruder und Diana?«, fragte Klaus.

Vögtlin zögerte.

»Dies könnte der Schlüssel für die Verbrechen sein. Was ist passiert?«

»Cherchez la femme«, flüsterte Miriam, und Vögtlin berichtete aus tauberschwarzer Vergangenheit.

Klaus und Miriam fuhren anschließend in das Waldstück nahe der bayrischen Grenze. Aus der Ferne sahen sie Blaulicht. Als sie die Stelle erreichten, kam ihnen Kommissar

Heid entgegen.

»Wir haben beide Frauen aufgefunden – lebend. Frau Vögtlin saß weinend neben Frau Förster. Die war zu Boden geschlagen und benommen. Ich konnte sie einfach nicht erwürgen, sagte Frau Vögtlin immer wieder schluchzend.«

»Der Mordplan war wohl zu männlich«, erwiderte Miriam und sah von dem Kommissar weg zu dem Aufgebot von Notärzten und Polizisten.

»Peter Vögtlin haben wir verhaftet. Er saß noch immer im Café. Wie Sie sagten, war er zunächst nicht unglücklich, Polizisten zu sehen. Als die Handschellen klickten, reagierte er jedoch geschockt, erzählten die Kollegen.«

»Der Plan war fast perfekt«, erklärte Miriam. »Peter Vögtlin tötet ohne Motiv die Geliebten seines untreuen Bruders, die Nebenbuhlerinnen seiner Schwägerin, während sie, die für diese beiden Taten ein Motiv hätte, ein Alibi hat. Und sie tötet im Gegenzug ohne ersichtliches Motiv seine alte, große Liebe, während er im Café sitzt.«

»Möglicherweise sollte Peter Vögtlin offiziell nie eingereist sein. Ich bin sicher«, sagte Klaus, »er kam über Umwege mit falschen Papieren ins Taubertal und ließ sich nur blicken, nachdem er gesehen worden war.«

»Er half der Ehefrau auf jeden Fall bei ihrem Alibi heute«, erklärte Heid. »Ihr Mercedes stand auf dem Parkplatz des Einkaufszentrums in Würzburg. Sie nahm einen Wagen, den er ihr in Bayern besorgt hatte. Er steht auf der anderen Seite des Waldstücks. Fast perfekt!« Der Kommissar schüttelte den Kopf. »Und das alles wegen diesem Tauberschwarz vor wie vielen Jahren?«

Klaus informierte den Kommissar detaillierter über die Vergangenheit.

»Die Liebe oder das Begehren war so groß, dass Peter Vögtlin auf Ruhm verzichtete«, fügte Miriam hinzu.

Der Kommissar zuckte mit den Schultern. »Dieser Peter Vögtlin machte also die Entdeckung dieser Rebsorte oder schaffte die Neuzüchtung oder was auch immer und verzichtete auf die Lorbeeren, um das Mädchen zu bekommen.«

»Diana. War damals Weinkönigin im Weinland Taubertal.«

»Jeder hat wohl seine Prinzessin«, erwiderte der Kommissar mit Blick auf Klaus. »Das große Glück dürfte es für Peter Vögtlin nicht gewesen sein. Diana deutete bei ihrer Aussage vor ein paar Tagen so etwas an. Wir waren kurz zusammen.«

»Sie stand wahrscheinlich, wie so viele Frauen, auf den Bruder.«

»Der sie zunächst links liegen ließ, um die Lorbeeren seines Bruders zu ernten.«

»Der Vater überschrieb ihm das Weingut aufgrund der angeblichen Leistung. David ist der Zweitgeborene. In der Landwirtschaft steht noch immer der Erstgeborene an der Spitze der Nachfolge.«

»Der Frauenheld bekam das Weingut und später bestimmt noch die Prinzessin dazu«, sagte er Kommissar. »Diana erwähnte, mit David Vögtlin liiert gewesen zu sein. Sie sei kurz mit dem Bruder zusammengekommen, aber nur um in der Nähe von diesem David sein zu können. So in der Art hat sie das gesagt. Müsste ich im Protokoll nachlesen.«

»Uns gegenüber hat David Vögtlin die Affäre eingeräumt.«

»Dann wurde Peter Vögtlin zweimal verraten. Einmal wegen der Entdeckung der Rebsorte und dann noch einmal wegen der Liebe von Diana zu David und nicht zu ihm«, sagte Miriam. »Das ist ein Motiv, auch wenn das Gefühl lange zurückliegt.«

»Und weshalb diese Bildstock-Fährte?«, fragte der Kommissar.

»Wir vermuten«, erklärte Klaus, »dass dies Teil des Plans war. Für die drei Morde sollte David Vögtlin, der für keinen der Morde ein Alibi hatte ...«

»Seine Frau wusste ja, dass er zu den Tatzeiten im Keller war«, warf Miriam ein.

»... der sollte dafür bezahlen und im Gefängnis schmoren.«

»Und dessen Plan sollte gewesen sein, die Taten einem madonnenlandverrückten Serientäter in die Schuhe zu schieben. Der fiktive Täter musste ja auch einen Plan haben!«

»Perfekt und perfide.« Der Kommissar sah die beiden beeindruckt an.

»Ohne Ihre Unterstützung...« Er machte eine Pause. »... hätten wir den Fall natürlich auch gelöst.« Er reichte ihnen die Hand. »Wann reisen Sie ab?« Er sah sie streng an und lachte dann lauthals. »War ein Spaß. Wir sehen uns morgen bei Ihrer Zeugenaussage.« Heid zwinkerte ihnen zu und ging unter dem rot-weißen Absperrband hindurch in den Wald hinein.

Miriam und Klaus sahen ihm kurz nach. Dann gingen sie zu ihrem Wagen und fuhren ins Hotel. Sie waren erlöst, befreit. Den Abend verbrachten sie in Würzburg in einem Restaurant, um Abstand zu haben. Zu dem Menü tranken sie Tauberschwarz, lieblich wie trocken, und fügten die letzten Teile des Puzzles zusammen. Auf der Beerdigung der Mutter der beiden Brüder vor einem Jahr schmiedeten die betrogene Ehefrau und der nach Neuseeland geflüchtete Bruder den mörderischen Plan. Diana hatte doch Hass in den Augen des verstoßenen Winzers gesehen. Beide, Ehefrau und Bruder, verband wohl eine jahrelange Demütigung. Die Ehefrau sei immer zur gleichen Zeit am gleichen Tag einkaufen gegangen und hätte dafür gesorgt, dass man sie wahrnahm. Sie habe zahlreiche Gespräche geführt. Auch, als sie mit dem Morden an der Reihe war. Zeugen hätten ihre Anspannung jedoch gespürt, sagte Klaus. »Ich rief vorhin noch einmal den Kommissar an.«

»Ihr werdet noch beste Freunde«, scherzte Miriam und griff nach der Hand ihres Partners.

Die beiden Urlauber schworen sich gegenseitigen Respekt. Dann verbrachten sie ihre letzte Nacht in Lauda-Königshofen. Am anderen Morgen schnürten sie ihren Reisekoffer auf das gelbe Cabrio. Nach ihrer Zeugenaussage wollten sie sich gleich auf die Romantische Straße begeben.

Ende

Zeittafel

Die ersten urkundlichen Erwähnungen der Stadtteile von
Lauda-Königshofen

741	-	Königshofen
um 1100	-	Lauda
um 1100	-	Oberlauda
1209	-	Gerlachsheim
1214	-	Heckfeld
1219	-	Oberbalbach
1230	-	Sachsenflur
1245	-	Marbach
1252	-	Deubach
1298	-	Beckstein
1322	-	Unterbalbach
1378	-	Messelhausen

1975 - die Stadtteile wurden im Zuge der Gebietsreform
vom Land Baden-Württemberg zusammengeführt.

Barockbrücke über den Grünbach in Gerlachsheim

Die Projektträger

stehend von links:

Martin Baumann (Vorstandsvorsitzender Becksteiner Winzer eG)

Stefan Strebel (Winzerhof Strebel)

sitzend von links:

Karlheinz Sack (Weingut Johann August Sack)

Jutta Miltenberger-Günther (Weingut Günther)

Manuela Wobser (Rebgut Lauda)

Martin Pruszydlo (Stadt Lauda-Königshofen)

Christian Rudert (Rebgut Lauda)
Hubert Benz (Weingut Benz)
Thomas Maertens (Bürgermeister Lauda-Königshofen)
Michael Braun (geschäftsführender Vorstand Becksteiner Winzer eG)

Stadt Lauda Königshofen
Am Marktplatz 1
www.lauda-koenigshofen.de

Tourismusverband Liebliches Taubertal
97941 Tauberbischofsheim
www.liebliches-taubertal.de

Romantische Straße GbR
91550 Dinkelsbühl
www.romantischestrasse.de

Becksteiner WeinWelt
Weinstraße 30, Beckstein
www.becksteiner-winzer.de

Weingut Benz / Weinhotel Benz
Walterstal 1 / Am Nonnenberg 12, Beckstein
www.weingut-benz.de

Winzerhof Strebel
Geisbergstraße 8, Beckstein
www.winzerhof-strebel.de

Weingut Johann August Sack
Bahnhofstraße 30, Lauda
www.weingut-sack-lauda.de

Rebgut – Die Weinherberge
Rebgutstraße 80, Lauda
www.rebgut.de

Weingut Günther
Würzburger Straße 67, Gerlachsheim
www.weingutguenther.de

Gasthaus zur Sonne / Bioweingut Baumann
Würzburgerstraße 69, Gerlachsheim
www.bioweingut-baumann.de

WeinGut Sylvia & Armin Hambrecht GbR
Lindenstraße 28 ,Gerlachsheim
www.weingut-hambrecht.de

Weinhaus Ruthardt
Josef-Schmitt-Straße 15, Lauda
www.weinhaus-ruthardt.de

Becksteiner Rebenhof
Am Hummelacker 34-52, Beckstein
www.rebenhof.net

Gasthaus „Zur alten Kelter"
Weinstraße 13, Beckstein
www.zuraltenkelter.de

Hotel & Restaurant Adler
Weinstraße 24, Beckstein
www.hotel-adler-beckstein.de

Gasthof "Die Rose"
Turmbergstraße 9, Königshofen
www.die-rose.com

Gasthof Goldener Stern
Pfarrstarße 23, Lauda
www.goldener-stern-lauda.de

Gasthaus & Restaurant Ratskeller
Josef-Schmitt-Straße 17, Lauda
www.schillinger-gastro.de

Georgsmühle – Wirtshaus mit Weingarten
Balbachtalstraße 1-3, Oberbalbach
www.diegeorgsmuehle.de

Heimat- und Verkehrsverein Beckstein e.V.
Talwiesenstraße 2
www.weinort-beckstein.de

Heimat- und Kulturverein Gerlachsheim
Hochtalstraße 26
www.hukv-gerlachsheim.de

KulturGut e.V.
Würzburger Straße 40, Gerlachsheim
www.kulturgut-ev.net

Gruppe Historisches und Kulturelles Königshofen e.V.
Mozartstraße 4
Tel.: 09343 / 5124

Heimat- und Kulturverein Phönix 1980 Königshofen e.V.
Hermann-Haefner-Weg 18
Tel.: 09343 / 1741

Heimat- und Kulturverein Lauda e.V.
Anne-Frank-Straße 8
www.hkv-lauda.de

Heimat und Kulturverein Oberlauda e.V.
Eisbergstraße 23
Tel.: 09343 / 3414

Heimatfreunde Sachsenflur
Schneebergstraße 10
E-Mail: b.hohl@t-online.de

Heimat- und Kulturverein Unterbalbach e.V.
Buchrainstraße 12
Tel.: 09343 / 58798

Text und Konzeption: Harald Rudolf

Umschlaggestaltung: Martin Pruszydlo, Stefan Herp

Farbholzschnitt von Norbert Gleich

Innenlayout: Stefan Herp

Lektorat: Stadt Lauda-Königshofen, Tellaro-Verlag, Projektteilnehmer

Gruppenfoto: Foto Besserer

Bildnachweis: Stadt Lauda-Königshofen, Tourismusverband Liebliches
Taubertal, Touristik-Arbeitsgemeinschaft Romantische Straße GbR,
Werbeagentur Böker & Mundy GmbH Ansbach, Bioweingut
Baumann Gerlachsheim, Weingut Hambrecht Gerlachsheim, Berthold
Hohl Sachsenflur, Josef Seubert Gerlachsheim, Andreas Buchmann
Unterbalbach, Unterkunfts- und Gastronomiebetriebe
Lauda-Königshofen, Dieter Göbel Lauda, Foto Besserer Lauda,
Tellaro-Verlag und die Projektbeteiligten

ISBN 978-3-9811667-5-0

Druck: bod badische offsetdruck Lahr gmbh, www.bod-lahr.de

Der Autor dankt der Stadt Lauda-Königshofen und den beteiligten
Betrieben für die Unterstützung und Kooperation. Wertvolle Quellen
waren »600 Jahre Stadt Lauda« von Karl Schreck, »Weinwanderungen
an der Tauber« von Carlheinz Gräter, das Buch »Gerlachsheim –
Geschichten eines Dorfes«, »Winzer, Wein, Weinkultur im Lieblichen
Taubertal« von Günther E. Ascher sowie »Dreihundert Jahre Familie
Buchler« von Walther Buchler.

*Der Autor Harald Rudolf hat mehrere Weinlesebücher geschrieben. Im
Silberburg-Verlag veröffentlichte er 2014 den Krimi »Tödlicher Jahrgang«.
Die Fortsetzung erscheint im Mai 2017: »Dreisamnebel«.*